東京三才 동경삼재

東京三才

동경삼재

동경 유학생 홍명희 최남선 이광수의 삶과 선택

● 류시현 지음

산처럼

책 을 내 면 서

이 책을 준비하면서 전공을 왜 한국사로 택했고, 특정 주제로 학위 논문을 쓴 이유는 무엇이었는지 다시 생각해봤다. 한국 근현대사 속에서 사상사와 문화사에 관심을 가진 이유는 잘할 수 있어서가 아니라 좋아해서였다. 역사 속에 녹아져 있는 사람들의 이야기가 재미있고, 그들이 선택한 삶이 흥미로웠다.

사상사와 관련된 근현대 주요 인물들의 전집을 읽기 시작했다. 이들의 책과 논설 등 다소 딱딱하고 엄숙한 글을 중심으로 읽었으며, 서로 다른 정치적 입장에 입각해 논쟁을 전개하는 내용에 관심을 가지게 되었다. 특히 인물 평가와 세평世評이라고 일컬어지는 당대 다른 사람들의 평가에 주목했다.

인물들에 관한 관심이 학위 논문의 주제인 최남선으로 이어졌다. 최남선의 생애와 활동을 살펴보는 과정에서 홍명희와 이광수가 그의 삶 속에 자주 개입하고 영향을 주고 있음을 확인했다. 이들은 일본 유학이란 공통점을 지녔고, 서로 건강은 물론 학문적 수련 및 글쓰기까지 챙겼던 매우 가까운 사이였다.

당대 사람들도 이들 세 사람을 일본 동경에서 유학을 했던 조선의 기대주란 의미에서 '동경삼재東京三才'라고 불렀다. 이들은 귀국 후 다양한 영역에서 함께하거나, 정치적 노선의 차이 때문에 서로 대립적인 입장을 취하기도 했다. 따라서 한 사람이 아닌 이들 세 사람을 하나의 단위로 설정한 지성사를 써보고 싶은 욕심이 생겼다. 그리고 한말, 1920년대, 1930년대란 시기를 중심으로 동경삼재에 관한 세 편의 연구 논문을 2008~2010년 사이에 발표했다.

지금 생각하면 공연히 부리는 호기란 뜻을 지닌 '객기'가 분명했다. 논문 발표 후 도서출판 산처럼의 윤양미 선생님께 덜컥 책으로 준비하겠다고 약속을 하고 말았다. 그리고 그 약속을 못 지킨 것이 만 6년이 되었다. 그나마 책이 나올 수 있었던 것은 오래 기다려주고 계속적으로 연락을 준 덕분이다. 감사드린다.

살면서 감사드려야 할 사람이 늘어나고 있다. 솔직히 왜 공부가 재미있는지를 설득하지 못했지만, 계속해서 힘을 주는 아내가 고맙고 아들 영하가 든든하다. 어머님과 형제들에게도 늘 감사한다. 그리고 부족한 아들에게 가장 큰 버팀목이셨던 아버님이 올해 3월 돌아가셨다. 누구보다 기뻐해주셨을 아버님께 이 책을 바치고자 한다.

책이 나올 수 있었던 또 하나의 기반이 광주교육대학교다. 이곳에서 연구와 강의의 기회를 주신 총장님과 모든 교수님께 감사드린다. 아울러 그동안 연락이 소홀했던 선생님, 동료, 후배에게 필자가 받았던 고마움을 갚고자 한다.

마무리 말을 덧붙이면, 책을 준비하면서 좀 더 많은 자료를 보았던 최남선의 비중이 크지 않을까, 아니면 자신의 이야기를 흥미롭게 많이 남긴 이광수에 치중되지 않았을까 염려된다. 동경삼재의 공통분모가 많았던 젊은 시절에 관한 내용이 많은 점도 마음에 걸린다. 그리고 동경삼재의 시기별 선택을 살펴보면서 누구의 삶을 닮고 싶은 적도 있었다.

그런데 긴 호흡의 역사에서 한 사람의 선택이 이념과 사상만으로 좌우되는 것은 아니라고 생각한다. 당대의 다양한 인물들이 서로 달리했던 선택 과정 또한 어떤 것이 정답인지 단정 지을 수 없을 것이다. 그러기에 동경삼재에 관한 이 책에서 독자들이 과거에 관해 조금 깊게 애정을 가졌으면 하는 것이 필자의 바람이다.

2016년 10월

지은이 류시현

東 동
京 경
三 삼
才 재

차 례

제3부 동경삼재와 이념

제4부 동경삼재의 선택

한국 현대사와 동경삼재

1970년대 이후 구미학계의 새로운 논의를 바탕으로 해서 역사학의 연구 주제와 영역이 확장되고 있다. 문화, 심성, 일상, 담론 등의 용어에서 보이듯이 역사 연구에서도 텍스트와 콘텍스트의 생성 과정에서의 권력 관계를 살펴보는 것이 중요해졌다. 역사 연구의 새로운 경향은[1] 담론과 헤게모니가 어떻게 구성되고, 경쟁하며, 전화轉化하는가를 밝히는 작업이라고 볼 수 있다.

저작물과 이것이 생산된 시대적 환경을 살펴보는 지성사intellectual history 연구의 경우에도 지적 생산물의 생산과 소비·수용 과정을 연구하는 데에 '언어로의 전환'의 경향성이 반영되고 있으며, '새로운 지성사'의 지평은 하나의 중심보다는 다원적인 지평을 모색하고 있다.[2] 이와 같은 지성사 연구의 새로운 경향에 주목해서 당대 지성계를 대변할 수 있는 집단을 통한 시대 읽기를 시도하고자 한다.

근대 이후 청년과 소년은 미래의 국민으로 그 가치가 주목되었다. 20세기를 전후해서 근대 국민국가를 수립하기 위해서 신지식층은 '신대한新大韓' 건설에 필요한 '신청년新靑年'의 역할을 강조했다. '신청년'이 근대 국민국가 수립에 기여할 근대적 지식을 얻는 주된 경로는 일본 유학이었다. 당대 조선인들은 일본 유학생들에게 큰 기대를 걸었으며 언론 매체에서도 이들의 활동을 지속적으로 보도했다. 실제로 이들은 일본 유학 기간에 습득한 근대적 지식을 그들 자신의 실천 활동에 적용했고, 이와 병행해서 후세대 청년과 소년층에게 출판 및 저술 활동을 통해 그 내용을 전달하고자 했다.

이 가운데 크게 주목받는 유학생 세 명이 있었는데, 이들을 '동경삼재'라고 불렀다. 홍명희, 최남선, 이광수가 그들이다. 양건식梁建植은 홍명희를 '동경 유학생 중 3 재자才子의 1인'이라고 했으며,[3] 신영철申瑩澈도 홍명희, 최남선, 이광수를 '동경삼재'라고 불렀고,[4] 현상윤은 이들을 '조선삼재'[5]라고 표현했다. 이들의 만남은 동경이란 공간이 중심이었기에 이들을 동경삼재로 서술한다. 서로 신분이 달랐던 이들 세 명은 근대, 교육, 서울, 동경이란 공통분모 속에서 수평적 기회 균등의 상황을 맞이하여 신지식인이 되었다.

'아시아의 런던'이라고 불리던 일본 동경에 유학했던 이들 세 사람은 학교 및 서점·도서관 등에서 근대를 체험하고 귀국 후 다양한 분야에서 조선의 문명화를 이루기 위해 활동했다. 홍명희는 1888년, 최남선은 1890년, 이광수는 1892년에 태어났으며 각각 두 살 터울이었다. 비슷한 연배의 이들은 한말 일제 초 동일하게 일본에 유학을 하고 모두 문학 영역에서 활동했다. 동경삼재가 문학 및 사상사 영역에서 차지하는 비중이 크기 때문에 이들에 관한 연구는 방대하게 이루어져 왔다.

홍명희에 관해서는 강영주의 연구를 통해 그 전모가 규명되었으며,[6] 최남선에 관해서는 그의 역사학과 조선 문화 연구에 관한 논문과 저서들이 출판되었다.[7] 아울러 문학과 사회 평론에 관해 다양한 글을 발표한 이광수의 경우도 역사와 문학 영역에서 많은 연구 성과[8]가 이루어져 있다. 그럼에도 불구하고 이들 세 사람의 논리와 활동을 근대 사조의 소개와 수용이란 지성계의 상황과 연결시켜 살펴볼 필요가 있다.

동경삼재 세 사람은 홍명희가 양반, 최남선이 중인, 이광수가 거의 평민에 가까운 몰락 양반 가문으로 서로 출신이 달랐으나, 이들이 서로 교유할 수 있었던 것은 매우 근대적인 현상이었다. 나아가 식민지란 상황에서 서로 만나기도 하고 정치적으로 대립하기도 했던 사실 역시 '식민지적 근대'의 양상을 보여주는 사례다.

1920년대는 식민지 조선에서 노동자·농민 등의 대중운동이 활성화됨과 더불어 출판·언론 활동 등 합법적 영역에서 지식인의 민족운동이 활발하게 일어났던 시기였다. 김현주는 1920년대 초반을 "'전통주의'와 '근대주의' 그리고 다양한 '급진주의'가 뒤엉켜 복합적이고 역동적인 분위기를 만들어내기 시작했던"[9] 시기라고 했다.

치열함은 분화와 연결된다. 1920년대를 보다 세분해서 보면, 일제의 '문화정치'란 '당근과 채찍' 정책 속에서 지식인 중심의 민족운동은 고양과 침체가 동시에 있었다. 민족운동 진영의 일부 지식인들은 3·1운동 이후 고양된 민족 독립이란 '정치 운동' 및 물산장려운동을 비롯한 '경제운동'의 전망에 관해 점차 부정적인 인식을 가지게 되었다. 심지어 이들은 민족운동에 관해 절대 독립에서 일제의 지배를 인정하는 것으로 후퇴하거나 자신들의 주의와 주장을 부정하기조차 했다.

역설적인 시대 상황은 동경삼재의 삶과 행동에도 큰 영향을 끼쳤다. 따라서 1920년대 동경삼재의 식민지 경험을 비교하는 것은 당대 민족운동에 참여했던 지식인 내부의 균열과 분화 과정을 검토하는 작업이기도 하다. 이들은 비슷한 시기에 일본 유학을 하고 한말 일제 초에 출판 문학 영역에서 '계몽운동'에 적극 참여하면서 1910년대 말 3·1운동의 주역이 되었다. 그러나 이후 1920년대 중반에 동경삼재에게 '차이'가 생겨나는데 이는 무엇에서 비롯되었으며, 그것은 어떠한 논의에서 대립각을 보였고, 그러한 입장 차이는 이후의 역사 진행 과정에서 어떻게 영향을 미쳤는지를 살펴볼 것이다.

이후 해방이 되어 맞이한 '탈식민'이라는 정치적 상황은 국가의 모습뿐만 아니라 개인의 삶에도 큰 변화를 가져왔다. 최남선과 이광수가 일제 말 친일 행위로 인해 실추된 '문화적 권위'를 찾으려고 해방 공간에서 무엇을 어떻게 시도했는가를 다루고자 한다. 구체적으로 『조선의 산수』,『조선의 고적』 등 일제강점기에 출판된 도서의 재출간과 새롭게 서술된 통사通史와 독립운동사의 서술 등이 지닌 정치적 의미의 해석이다.

아울러 동경삼재가 어떻게 기억되고 있는가 하는 물음을 묻고자 한다. 회고록, 세평 등으로 대표되는 기억은 기억 주체 상호 간의 권력 관계를 반영한다. 최남선과 이광수처럼 긍정과 부정의 평가가 확연히 나뉘어지는 경우, 이들에 관한 회고는 시기별로 강조점에 차이를 보이고 있다. 민족성론에 관한 재론再論과 어떻게 기억되고 있는가를 통해 일제강점기부터 현재까지 우파 민족주의로 연결되는 한국 민족주의의 한 경향에 관해 살펴보겠다.

해방과 분단 전후 동경삼재의 삶의 궤적은 한말 일제강점기란 시대를 선도했던 우리 지식인들의 자화상을 보여주는 중요한 사례다. 한말 일제 초 일본 동경을 경유해서 주로 서울에서 활동했던 동경삼재는 일제강점기와 해방 후 각자의 선택을 통해 대비되는 활동을 했다. 이러한 삶의 선택은 그들이 죽었던 시간과 장소에도 반영되었다.

동경삼재의 행적과 활동을 비교하는 데에는 어려움이 많다. 우선 이들은 문학 영역이라는 공통분모를 제외하곤 식민지의 지배 정책 변화와 해방과 분단의 시대적 상황에서 판이하게 다른 삶을 살았다. 또한 세 사람은 기록물에서도 편차가 크다. 자신의 행적에 관해 가장 많은 기록을 남긴 이는 이광수며, 다음이 최남선이다. 이에 비해 홍명희의 기록은 매우 부족한 편이다. 이광수의 경우 동일한 행적에 관한 기록도 시대적·사회적 상황에 따라 다양한 형태로 변주되었기에 자료를 인용하는 데 주의해야 했다.

제 1 부

동경삼재의 만남

전 통 과 근 대 의 충 돌

어린 시절

홍명희는 1926년에 발간된 최남선의 시조집 『백팔번뇌』 발문에서 "육당과 나는 20년 전부터 서로 사귄 친구다. 성격과 재질에는 차이가 없지 아니하지마는, 사상이 서로 통하고 취미가 서로 합하여 … 서적을 같이 평론도 했었다. 내가 남의 집에 가서 자기 시작한 것이 육당의 집에서 잔 것이며, 육당이 북촌 길에 발 들여놓기 시작한 것이 내 집에 온 것이었다"라고 했다.

홍명희와 최남선은 한말 시기에 서로 살던 을지로와 북촌을 오가며 사귀었다. 두 사람이 서로 어떻게 만나게 되었는지 구체적으로 밝혀진 바는 없지만, 중인 출신인 최남선과 양반 출신인 홍명희는 숙식을 같이할 정도로 친한 사이가 되었다.

전통 시대는 계층·계급 사회였다. 조선 시대만 하더라도 위로 양반

홍명희, 최남선, 이광수.

이 있었고, 차례로 중인, 양인 그리고 노비가 있었다. 이들 계층과 계층 사이에는 큰 장벽이 있었다. 가장 많은 숫자를 차지하고 있는 존재는 사농공상士農工商을 담당한 양인들로 이들은 세금 납부, 군대 복무, 특산품 납품 등을 책임졌다. 반면 양반은 국가로부터 역役을 면제받았기에 과거 시험을 치르기 위한 교육에서 보다 우월한 기회를 가질 수 있었다.

신분상의 차이뿐만 아니라 사는 곳도 구별되었다. 전통 시대에는 태어난 출신과 지역이 한 사람의 일생에 중요한 역할을 했다. 서울의 경우, 궁궐과 가까운 지역에 양반과 관료들이 모여 북촌北村을 형성했다. 그래서 고급 주택과 궁에서 필요한 물건을 만드는 곳이 많았다. 낙원동에 떡집이 많은 것도 그 이유였다.

북촌에 비해 양반의 자손이기는 하지만 벼슬이 없는 가난한 사람은 청계천을 건너 남산 기슭인 남촌南村에 모여 살았다. 가난해서 마른날에도 나무로 만든 무거운 나막신을 신는다는 남산 딸깍발이란 말도 여기서 비롯되었다. 연암 박지원의 소설 속 주인공 허생도 남산 아래 살았다.

중인中人은 서울의 중간 지역인 현재의 종로구와 중구에 주로 살았다. 이들은 번역을 담당하는 사역원司譯院, 의학 관련 업무를 맡은 전의감典醫監, 천문과 기상을 살피는 관상감觀象監과 같은 정부 기관에서 기술관이나 잡직을 세습하던 특수한 신분이었다. 또한 의술과 통역 그리고 재무·회계·경리와 같은 경제 업무, 기상과 천문을 담당하며 책력을 만들고 법률과 행정 등의 임무를 수행했다.

이들 중인은 가문 중심으로 지식과 기술을 세습하는 등 확실한 정체성을 지닌 존재였다. 신분의 엄격한 구별은 교유 및 혼인 관계로 연결되었다. 중인은 중인끼리 결혼을 했다. 또한 양반보다 이념적으로 중립적이었으며 개항 이후 서구 문명이 본격적으로 소개되는 것에 개방적이며 실리를 추구했다. 그래서 "근대에 대한 확실한 감각의 소유자"[1]라고 평가되었다.

그러나 근대 문명은 신분과 주거 공간의 구별로 나타난 경계를 없앴다. 근대 교통수단의 발달과 세계에 관한 지식이 이에 기여했다. 부산에서 서울까지 15일 전후로 걸리던 것이 1904년 12월 경부선 철도가 놓이자 17시간으로 단축되었다. 빠른 시간에 먼거리를 이동할 수 있게 되면서 공간이 압축되었다.

어린 시절의 경험

홍명희, 최남선, 이광수가 어린 시절을 보낸 1900년대 초반은 1876년 개항이 있은 지 30년 가까이 된 때였다. 개항은 동북아 지역에서 서구 근대 문명을 본격적으로 수용하는 계기가 되었다. 서구의 정치·경제적 가치관은 아시아의 중국, 일본, 조선의 근대 국민국가 수립을 위한 기준으로 작용했다. 하지만 여전히 혼돈과 충격의 연속이었다.

이들 세 사람은 각각 두 살 터울로 개항이 된 지 15년을 전후해서 태어났다. 전통과 근대가 혼재되어 있던 시점이었다. 그리고 양반, 중인, 몰락양반(평민) 등으로 출신이 다른 세 사람은 각기 다른 지역에서 서로 다른 어린 시절을 보냈다.

홍명희는 1888년 충청북도 괴산에서 태어났다. 그의 아버지 홍범식洪範植도 그곳에서 태어났다. 그의 집안은 사대부 가문으로 대대로 서울 북촌에서 살았다. 증조부 때인 1860년경 선산과 가족의 근거지를 마련하고자 충청북도 괴산에도 집을 장만했다. 그의 할아버지 홍승목洪承穆은 대사간, 대사성, 병조참판, 중추원 찬의를 역임했고, 아버지 홍범식은 태인 군수를 거쳐 1909년에 금산 군수가 되었다.

최남선은 중인 집안 출신이다. 1890년 4월 서울 을지로에서 잡과 출신인 최헌규崔獻圭의 둘째 아들로 태어났다. 형제자매는 모두 6남매로 위로 누나가 둘에 여동생이 한 명 있으며 큰 형이 최창선崔昌善이고 아래 동생이 최두선崔斗善이다. 본관은 철원으로, 그의 집안은 설날 차례의 첫 상을 항상 선조이자 고려 시대 장군이었던 최영에게 제사지냈다. 이들 동주 최씨는 19세기에 이르러 기술관 중인계층으로 정착했으며 직계 집안은 잡과 합격자를 집중적으로 배출했다.[2]

최남선의 아버지 최헌규는 잡과에 합격하여 대궐이나 능의 터와 형세를 살피는 관리였다. 관직에서 물러난 후 을지로 일대에서 약재 무역 및 도매 사업과 함께 농사에 맞게 제작한 달력을 출판해서 큰돈을 벌어들였고, 경기도와 충청도에 만석을 수확할 수 있는 논밭과 서울 사대문 안에 80채가량의 집과 대지를 소유했다.[3] 이러한 자산을 바탕으로 최창선과 최남선은 신문관을 세워 출판과 인쇄업을 할 수 있었다.

최남선은 부친 가게에 자주 놀러가서 가게 유리창 밖의 세상 보기를 좋아했다. 창문 밖 세상은 전철이 다니고 전화가 개통이 된 번화한 을지로의 모습이었다. 중인계층은 근대에 관해 두려움이 없었다. 집안 분위기 역시 근대적 사조를 적극 받아들이는 분위기였다. 손자 최학주에 따르면 그의 집안은 1896년 이후 음력설을 쇠지 않고 양력설을 지낼 정도로 문명개화에 앞장섰다고 한다.

최남선은 어려서부터 신문화 수입에 적극적이었던 유대치, 오경석에 관한 이야기를 들으며 성장했다. 뒷날 그는 개화 과정에서 활동했던 이들 중인의 역할을 강조했으며 외국 문화의 실제적 도입이 없었던 이유를 기술 계통의 중인을 등용하지 않았기 때문이라고 보았다. 그는 중인 기술관 집안으로 근대 문명을 선도했다는 자부심을 지녔다.

이광수는 1892년 평안북도 정주에서 평민에 가까운 몰락 양반 집안에서 태어났다. 평양에서 북쪽으로 240여 리 떨어진 시골 마을이었다. 양반이라고 하지만 집안의 끼니를 걱정해야 할 정도로 거의 몰락한 가문이었다.

이광수는 아버지가 착하지만 하는 일 없이 밤낮으로 술만 마셨다고 「그의 자서전」에서 언급했다. 또한 부모에 관해 "내 어머니가 그렇게 칠칠치 못한 것이 가여웠다. 왜 아버지는 저렇게 마르고 두 볼이 움쑥 들어가서 궁상이 끼고, 어머니는 저렇게 못났을까 했다. 이러한 생각이 오랫동안 나를 괴롭게 했다"라고 회고했다. 심지어 그가 열한 살이던 1902년에 콜레라로 부모가 사망해서 고아가 되었다.

어린 나이에 고아가 된 이광수는 가족을 부정했다. 「그의 자서전」에서 "조부나 아버지나 삼촌이나 다 세상에는 아무짝에 쓸데없는 인물들이었다. … 제 생활에만 무관심한 것이 아니라, 모든 세상일에 대하여 다 무관심한 사람들이었다. 나는 이런 사람들의 자손이 된 것을 부끄러워하지 아니할 수 없다"라고 했다.

홍명희는 「자서전」에서 "내가 세상에 난 뒤 세 살 되던 해에 어머니가 돌아가고 증조부가 돌아가고 여섯 살 되던 해에 할머니가 돌아갔다"라고 밝혔다. 어머니와 할머니를 대신해 어린 홍명희는 증조할머니의 사랑을 받고 자랐다. 할머니의 손자 사랑은 당연한 것이지만 그가 "어미 없는 증손자를 기르느라고 애쓴 것은 이루 다 말할 수가 없었다"라고 표현할 정도로 증조할머니의 사랑은 극진했다.

홍명희는 증조할머니가 잠이 들 때 항상 거북하게 고개를 뒤로 젖

히는데, 이것은 어린 홍명희가 잘 때 입김이 얼굴에 끼칠까 하여 고개를 뒤로 젖혔던 것이 버릇이 된 것이라고 기억했다. 그의 아버지와 여러 형제가 모두 그녀의 손에서 자랐지만 홍명희는 증조할머니에게 받은 사랑을 '망극한 은혜'라고 표현할 정도로 그에게 증조할머니는 각별한 존재였다.

최남선은 어린 시절에 관한 기록이 거의 없다. 손자 최학주의 기억에 따르면, 증조할아버지 최헌규는 최남선에게 엄한 아버지였다. 최헌규는 "아들들이 장가가기 전까지는 무조건 잠자리에 들기 전에 종아리를 한 대씩 때려주고 그날 하루의 잘잘못을 혼자 반성하게 한 뒤 자도록 했다"고 한다.[4] 열두 살에 최남선이 결혼할 때까지 계속된 일이었다.

학문 수련 과정

이들은 어린 시절 전통적 한문 교육과 근대적 신식 교육 가운데 어떤 공부를 했을까? 이들의 학문적 수련은 전통적인 방식대로 한문을 습득하는 것에서 시작되었다. 그렇다면 한문 공부는 몇 살에 어떤 책으로 배우기 시작했던 것일까?

홍명희는 어려서부터 한학을 배웠다. 「자서전」에서 "원래 병이 잦은 데다가 응석으로 자라서 공부는 성실할 까닭이 없었다"고 하면서도 다섯 살에 천자문을 배우고 여덟 살에 『소학』을 배웠다고 한다.

중인 집안의 최남선은 일고여덟 살경 한문漢文을 배웠는데, 1918년 6월 발간된 『청춘』14호에 게재한 「10년」에서 그는 "약藥을 짓는 것을 가업家業으로 하여 서적이 거의 없고 다만 앞뒤 장이 낡아 없어진 『도정절집陶靖節集』이 있는지라, 이를 탐독"했다고 회고했다. 도정은 당나라 시인 도연명陶淵明이다. 한문 공부와 관련해서 도연명의 시집만 언급했다. 그러나 1910년대 한문으로 된 고전古典을 영인하거나 교열했던 것으로 보아 이에 관한 공부가 깊었던 것으로 보인다.

공부한 내용에 관해서는 셋 가운데 이광수가 가장 자세한 기록을 남겼다. 「그의 자서전」에 따르면 한글은 "꽤 일렀던 듯한데"라고 하여 일곱 살 때 배웠다. 그리고 그 전후로 해서 여섯 살 때는 서당에 다니기 시작했으며, 아홉 살 때 『대학』과 『맹자』를 배웠다. 한문을 공부하기 시작해서 "절 아래 마을 글방에서 처음 읽었다고 기억되는 것은 『사략史略』 하편이라는 책이다. 이후 『대학』, 『중용』, 『맹자』, 『논어』, 『고문진보古文眞寶』 전집과 후집 같은 것을 읽었다. 아마 문장으로 된 줄글은 겨울에, 시로 된 귀글은 여름에 읽었을 것이다. 그러나 여름에 『맹자』를 읽던 기억도 있다"라고 밝혔다.

한문으로 된 경전과 역사책을 읽는 것은 일반적인 한학의 수학 과정일 것이다. 한문 공부로 『천자문』과 『소학』을 공부한 뒤에 사서로 불린 『대학』, 『논어』, 『맹자』, 『중용』 그리고 유명한 시와 문장을 모아 놓은 『고문진보』와 역사책을 공부했다.

그럼에도 이광수는 홍명희와 최남선에 비해 상대적으로 한문 실력은 약했던 것으로 보인다. 훗날 1917년에 쓴 「오도답파여행五道踏破旅

行」(1917. 8. 24)에서 "공주公州 등 역사적인 지역을 방문하면서 역사 지식의 부족으로 인해 자세한 연혁을 모른다"라고 했다. 자신에 관해 겸손한 표현을 거의 사용하지 않았던 그가 한문책에서 얻을 수 있는 '역사 지식의 부족'을 언급한 것이다.

이들은 한문 공부를 어떻게 시작했는지 언급했지만 한글 공부에 관한 기록은 남기지 않았다. 한문보다 배우기 쉬웠기 때문이다. 한글은 일상생활과 한글로 된 고전소설을 읽으면서 자연스럽게 습득했던 것으로 보인다.

어린 시절 최남선은 한글로 된 『춘향전』, 『심청전』, 『홍길동전』을, 이광수는 일곱 살에 한글을 깨우치고 열한 살에 고아가 된 후에 친척 집에서 한글 책을 얻어 『사씨남정기謝氏南征記』, 『구운몽九雲夢』 등의 고전소설을 읽었다. 이러한 책은 언문책이라고 불렸다.

『사씨남정기』는 조선 시대인 숙종 때 문인 김만중이 쓴 글로 정숙한 부인이 누명을 쓰고 귀양 갔다는 이야기이며, 『구운몽』은 같은 작가의 책으로 아홉 명의 삶이 얽힌 인생사에서 깨달음을 얻어 극락에 간다는 내용이다. 이러한 책은 한문과 한글 두 가지 판본이 있어, 양반과 평민 그리고 여성에 이르기까지 다양한 독자에게 읽혔다.

이광수는 「그의 자서전」에서 "내 작은 재당숙들이 여자들의 청을 들어서 『삼국지』나 『수호지』를 진서眞書 책대로 조선말로 번역해 읽어 주었다. 나는 그것이 무척 부러웠다"라고 기억했다. 당시 이광수의 인식 속에 한글은 언문諺文이고 한문은 진서였다. 재당숙은 아버지의 육촌 형제를 말한다. 이들이 한문책을 번역해서 읽어주었듯이, 친척 여성들에게 한글 책을 읽어준 경험을 이광수는 "내가 문학이란 것에 접촉한 것"이라고 밝혔다.

독서 취미

한문 공부 외에 읽은 책에 관해서는 홍명희가 보다 자세한 기록을 남겼다. 「자서전」에 따르면 그가 『논어』, 『맹자』보다도 즐겨 읽었던 것이 『동주열국지東周列國志』, 『서한연의西漢演義』 등이었다. 그 시작은 열한 살 때 읽은 위·촉·오 삼국시대를 다룬 『삼국지연의』였다.

그리고 열한 살이 되었던 "그해 정월 노는 때에 대고모부의 집에서 『삼국지』 한 질을 빌려다 놓고 첫 권서부터 두서너 권은 집안 노인 한 분과 같이 보았다느니보다 배웠고 그다음 십여 권은 나 혼자서 보았"는데 글 가르치는 선생님에게서 그만 보란 말을 들을 정도로 열중했다고 한다.

10대에 공부를 시작했던 동경삼재는 당시의 관습대로 부모의 뜻에 따라 일찍 결혼을 했다. 홍명희는 열세 살 되던 1900년 참판 민영만의 딸 민순영과 결혼했다. 그녀는 홍명희보다 세 살 연상인 1885년생이었다. 최남선은 열두 살이던 1901년 같은 중인 집안인 현정운玄晶運의 넷째 딸과 결혼했다. 그녀 나이는 열여섯 살이었다. 이광수는 조금 늦게 열아홉 살 때인 1910년, 아버지 친구의 딸과 결혼했다.

독서 생활로 다시 돌아가보면, 홍명희의 소설 읽기는 열네 살에 서울로 올라온 뒤에도 계속되었다. 집 안에 소설이 별로 없었을 뿐 아니라 어른 몰래 보는 까닭에 친구에게 빌려다 본 것이 많았다. 그는 「자서전」에서 『수호지』, 『서유기』, 『금병매』와 같은 중국 소설을 "밥 먹을 것을 잊어버릴 정도로 모르고" 보았다고 회고했다.

이들 세 사람의 어린 시절에 관한 기억은 인색했다. 이광수의 다양한 성장 기록과 작품을 제외하면 특히 홍명희와 최남선의 경우가 그러했다. 기억과 회상이 부족하다는 것은 이광수에 비해 홍명희와 최남선이 어린 시절을 유복하게 보냈음을 의미한다.

어린 홍명희는 어머니와 할머니의 죽음이란 상실에도 불구하고 증조모의 사랑을 받고 자랐으며, 최남선의 경우도 엄한 집안 분위기에서 성장했지만 그의 아버지는 최남선이 1910년대 신문화운동을 할 수 있도록 든든한 버팀목이 되었다.

반면 이광수의 경우는 그렇지 못했다. 어렸을 때 겪었던 부모의 사망으로 인해 자신을 '가엽고 불쌍한 존재'라고 인식했다. 이러한 정서는 '고아 의식'이라고 불린다.[5] 그는 부모를 대신할 존재를 찾는 것이 중요한 삶의 지표였으며 동학, 안창호 등이 그의 삶에서 부모를 대신하게 되었다.

종교 체험

한 사람의 생애에서 종교는 정신적·정서적으로 중요한 의미를 지

1904년 러일전쟁 당시 정주성 싸움.

닐 뿐만 아니라 인생의 갈림길 역할을 하기도 한다. 세 사람은 종교와의 인연이 어떠했을까? 홍명희는 전통적인 유교 집안에서 성장했다. 반면 불교와 함께 근대에 보다 친숙한 중인 가문 출신인 최남선은 어린 시절 우연하게 얻은 기독교 신약성경을 열심히 읽었다. 손자 최학주에 따르면 "소화제 없이 그대로 소화할 정도"로 관심이 많았다. 이광수는 1904년 2월 동학에 입교入敎했다. 그의 나이 열세 살이었다.

이광수에게 동학은 무엇이었을까? 김구는 동학이 빈부귀천에 차별 대우가 없다는 말에 "이 말만 들어도 별세계에 온 것 같았다"[6]라고 했다. 사회적으로 소외된 사람들에게 동학은 새로운 세상을 제시해주었다. 이처럼 동학은 이광수에게 삶과 학업을 이끌어준 아버지와 같았다.

어린 시절 고아가 된 그는 방랑을 하다가 우연히 동학의 지방 접주를 만나 "선천 5만 년이니 후천 5만 년이니 하는 설교를 듣고는 매우 구수한 듯하여" 동학에 입교했다. 그 뒤에 정주 지역 동학당 책임자인 박찬명의 비서로 들어가 왕복 서신을 정리하고 조직 간의 연락책으로 일했다. 1935년 8월 『신인문학』에 게재한 「나의 40 반생기」에 따르면, 그는 동학에 입교하는 것이 "살길을 열어주는" 길이라고 여겼다.

「그의 자서전」에 따르면 이광수에게 동학교도는 "정성 있고 용기 있고 친절하고 겸손한 사람"이었으며 죽음을 무릅쓴 포교 활동에도 "조금도 두려워 아니"한 사람들이었다. 1904년 2월 러일전쟁의 전초전이 평안북도 정주성에서 벌어졌다. 승리한 일본군 헌병대는 동학당의 내부 사정을 잘 알고 있는 이광수를 체포하라고 방을 붙였다. 이를 피해 이광수는 9월, 지역 동학당의 지도자와 함께 서울로 올라왔다. 서울 상경上京이 그의 운명을 바꿨다. 근대와 본격적으로 만나게 된 것이다.

홍명희는 충청북도 괴산에서, 최남선은 서울 을지로에서, 이광수는 평안북도 정주에서 각각 태어났다. 이들의 신분도 양반 가문, 중인 가문, 평민에 가까운 몰락 양반 가문으로 각각 달랐다. 또한 전통적인 학문을 수련했던 넉넉한 집안 출신인 홍명희와 문명개화에 일찍 개명해서 달력 제작과 한약재 무역으로 부자가 된 집안의 최남선 그리고 평안도 시골 출신으로 어린 시절 고아가 된 이광수 사이의 간격은 너무나 컸다.

전통 시대였다면 이들이 서로 만날 수 있는 가능성은 거의 없었다.

하지만 문명개화의 물결 속에서 이들은 접점을 찾을 수 있는 공통분모를 갖게 된다. 이들은 서울이라는 공간에서 본격적인 신학문을 배우면서 점차 근대 문명을 배워 나갔다.

최남선은 을지로에서 살았기에 서울을 벗어난 적이 없었다. 평안북도와 충청북도에 살던 이광수와 홍명희는 서울에 와서 근대 교육을 받게 되었고, 이는 일본 유학으로 연결되었다. 이렇듯 근대의 물결로 인해 이후 동경삼재로 불린 이들은 신분과 거주 공간의 벽을 넘어 교유할 수 있었다.

작은 출발, 큰 간극

신학문 수련

근대 학문을 배우면서 이광수는 아라비아숫자를 알고 덧셈과 뺄셈이란 산수를 배우는 것이 신기했다. 이를 배운 후에 「주인조차 그리운 20년 전의 경성」에서 밝혔듯이, "산술이라면 퍽 신통한 것으로 알았고 또 무섭게 어려운 것으로 알았는데 이것뿐이라 하니 퍽 싱거웠다"라고 했다. 일본어 자모와 아라비아숫자 배우기 등을 10대에 경험한 홍명희, 최남선, 이광수에게 새로운 학문을 말하는 '신학문' 즉 근대적 학교 교육은 어떤 의미였을까?

교통수단이 발달하고 동서양의 빈번한 교류가 이루어진 근대는 세계 각국에 관한 이해를 심화시켰다. 또한 세계 여러 나라에 관한 이해의 정도가 깊어지면서 강대국과 그렇지 않은 나라로 구별되기 시작했다. 당시의 용어로 야만과 개화가 대비되었고, 전 세계는 강대국에서 약소국까지 순번이 매겨져 서열화되기 시작했다. 유길준은 『서유견문西遊見聞』에서 반半개화의 조선은 개화 단계로 나아가야 한다고 역설했다.

1895년 출판된 유길준의 『서유견문』

물론 서양의 존재는 일찍부터 알려졌었다. 그러나 서양은 조선 중기에 전해진 천리경千里鏡, 자명종自鳴鐘 등을 통해 신기한 호기심의 대상으로만 여겨졌으며 서양과 실질적 교류는 없었다. 조선 후기에 중국을 통해 서양에 관한 정보가 들어왔지만, 가끔 해안에 우리의 배와 전혀 다른 모습의 이양선異樣船이 나타났을 때는 불편함과 두려움의 대상일 뿐이었다. 왜냐하면 서양적인 것은 당대 조선인에게 잘 알지 못한 이질적인 존재였기 때문이다.

이후 개항과 함께 일본을 경유해서 서양과 조우하게 되었다. 한국은 중국과 일본에 비해 나중에 개항했기 때문에 서구 문물의 수용이 가장 늦었다. 개화를 추진하는 입장에서는 흉내나 모방이라도 좋으니 서양처럼 되고 싶었다. 따라서 서양에 관한 이해는 동양 삼국의 문명 개화에 중요한 지상 과제가 되었다.

개화기에는 『한성순보』와 『독립신문』 등이 세계에 관한 지식을 본격적으로 알렸다. 이러한 새로운 지식을 신학문이라고 일컬었다. 신학문을 상징적으로 대변해주는 것이 눈에 보이는 세계지도였다. 홍명

일본 잡지에 실린 강화도조약 직전의 국제 정세.

희는 「자서전」에서 바깥 세상에 관해 "증조모에게 사명당 이야기를 듣고 일가 어른의 저작이라고 『해동명장전海東名將傳』을 건성으로나마 읽었을 때 왜국이 우리 조선의 이웃 나라인 것을 알았다"라는 차원 정도로 정보를 얻었다.

그러다가 괴산 집에 있던 마테오 리치의 「곤여전도坤與全圖」란 세계 지도를 보고 조선 이외에 여러 나라가 있다는 것을 알게 되었다. 마태오 리치는 이탈리아의 예수교 선교사로 중국 명나라에 와 있으면서 많은 서양 학술 서적을 중국어로 번역했다. 우리나라에도 『천주실의天主實義』 등이 소개되어 조선 지식인들에게 크나큰 영향을 주었다.

번역된 근대

외국을 아는 것은 자신을 이해하는 첫걸음이었다. 당대 외국을 접하는 일반적인 경로는 기독교와 성경이었다. 최남선은 「서재한담書齋閑談」(1954)에서 예닐곱 살경 한글을 깨우친 후 "국문國文으로 책을 발간하는 것이 예수교 편의 전도 문자밖에 없었건만, 그것이 발행되는 대로 사서 읽고 보존해서 한 컬렉션collection을 이룰 만했다"고 밝혔다.

한글로 번역된 영어책을 읽으며 처음으로 서양을 이해하기 시작했다. 당시 그가 읽었던 대표적 기독교 문학서는 미국 선교사이며 의사였던 에비슨이 경영하는 제중원濟衆院에서 존 버니언J. Bunyan의 *Pilgrim's Progress*를 우리말로 번역한 『천로역정天路歷程』이었다.[1] 이 책은 기독교인이 가족을 떠나 하늘나라에 이르기까지의 고난을 신앙의 힘으로 극복한다는 내용이다.

을지로에 살고 있던 최남선이 보다 넓은 신학문을 만났던 계기는 서울에서 판매되고 있었던 중국 책을 통해서였다. 「서재한담」에서 밝힌 최남선의 독서 이력을 보자. 최남선은 어린 시절 "한문으로 서양 서적을 많이 번역 간행하는 기관이 중국에 여러 군데 있어서 다수한 서적이 한국으로까지 흘러" 들어왔다고 한다. 또한 그는 이러한 종류의 책도 가장 먼저 보고 가장 깊이 인식하기에 힘썼다고 했다.

서양 책을 한문으로 번역하기 위해서는 개념어에 새로운 번역어가 필요했다. 동북아시아에서 서양의 학술 서적 번역은 일본보다 중국이 앞섰다. 따라서 서양의 학술 용어를 번역하는 것도 중국이 먼저 했다. 최남선은 "경제학을 생계학生計學이라 하고, 사회학은 대동학大同學이라고 하고, 철학을 성리학이라고" 해서 중국어 번역어를 기억했다. 그리고 이에 관해 사실상 "서양 학술을 이러한 서적과 용어를 통해서 처음 받아들였던 것"이라고 했다.

중국에서 들어온 책 가운데 최남선은 『자서조동自西徂東』, 『시사신론時事新論』, 『태서신사泰西新史』 등의 영향을 강조했다.[2] 당시 서양은 태서泰西로 불렸다. 『태서신사』는 19세기 유럽의 역사를 소개한 책이다.

최초의 자유시라고 일컬어지는 「불놀이」의 시인 주요한은 어렸을 때 읽은 『태서신서』를 "나폴레옹의 사적史蹟 같은 것이 매우 자세하게 나왔던 것을 기억한다. 모스크바 친정親征 같은 것이 아주 소설체로 쓰여 있었다"[3]라고 회고했다. 『자서조동』은 독일 선교사 에르네스트 페버Ernest Faber가 1894년 홍콩에서 간행한 책으로 윤리에 관해 동서양의 견해를 비교한 것이다.

최남선은 「10년」이란 글에서 이런 책을 읽고 "비로소 천하의 커다람과 인물의 많음과 사변事變의 복잡함을 알고, 『도정절집』의 시경詩境이 겨우 세계라는 바다의 한 파도임을 깨달았다"고 밝혔다. 이러한 체험은 당대 새로운 서양 지식을 습득한 지식인들에게는 일반적이었다.

김구도 감옥에서 신지식을 습득했다. 『백범일지』에서 "『세계역사·지지世界歷史 地誌』 등 중국에서 발간된 책자와 국한문으로 번역된 것을 갖다 주며 읽어보라 권하는 이도 있었다. … 의리는 유학자들에게 배우고, 문화와 제도 일체는 세계 각국에서 채택하여 적용하는 것이 국가의 복리가 되겠다는 생각이 들었다. …『태서신사』한 책만 보아도, 그 눈이 움푹 들어가고 코가 우뚝 선 원숭이에서 멀지 않은 오랑캐들은 도리어 나라를 세우고 백성을 다스리는 좋은 법규가 사람답다는 느낌이 들었다"[4]라고 밝혔다.

당대 지식인들이 신학문을 수용할 수 있었던 매체는 신문과 잡지였다. 최남선이 1910년 발표한「『소년』의 기왕과 및 장래」에서 언급했듯이, 이러한 언론 매체로『황성신문』과 상해上海에 와 있던 서양 사람들이 한자로 발행하던『만국공보萬國公報』,『중서교회보中西敎會報』, 일본에서 발행되던 신문『오사카아사히신문大阪朝日新聞』,『만조보萬朝報』와 잡지『태양太陽』,『와세다문학早稻田文學』등이 있었다. 그는「10년」이란 글에서도 신문을 읽음으로써 "희미하게 답답한 중에 세계의 기운機運과 문명의 나아가는 방향이 어느 편에 있는지를 살피고 가슴이 점점 열리고 마음이 점점 맑아"졌다고 밝혔다.

근대적 교육기관 입학

서울 출신인 최남선이나 괴산과 서울 북촌을 오가며 살았던 홍명희와 달리 이광수는 1905년에 처음 서울에 왔다. 경의선 철도가 없었던 때라 그는 진남포까지 걸어와서 그곳에서 증기선을 타고 인천에 도착한 후 기차로 남대문에 내려 서울에 첫발을 내딛었다.

일제강점기에 남대문에서 바라본 을지로.

이광수는 「그의 자서전」에서 "좁은 길가에 떡집, 객주 집, 이러한
납작한 집들이 늘어선 남대문 밖을 지나서 남대문을 바라볼 때에는
그 문이 굉장히 큰 것 같았다. 그리고 그 문에서 전차가 요란한 소리
를 내이고 나오는 것을 보고 나는 신기하게 생각했다"라고 밝혔다. 전
차 소리로 대표되듯 그에게 서울은 그가 성장했던 평안도와는 소리조
차 달랐다.

이광수에게 새 지식을 준 것은 종로에 있던 일진회一進會의 연설이
었다. 『나의 고백』에 묘사된 일진회 회원은 "칼라도 없는 적삼에 양복
을 겹쳐 입고 K자표 박은 캡을 쓰고 개화경을 번쩍거리고, 개화장을
휘두르며 장안으로 활보하는" 존재였다. 개화경은 안경을, 개화장은
지팡이를 말한다. 이들 일진회의 활동은 러일전쟁 후 애국운동에서

매국운동으로 바뀌었다.

서울은 이광수의 삶을 바꾸어 놓았다. 그가 본격적으로 서양의 근대를 수용한 것은 서울 생활을 통해서였다. 『나의 고백』에서 "나는 서울 사람이 아니다. 서울서 내가 생장했다면 정치적 자극으로 하여 민족의식이 눈뜨는 날이 좀 더 일렀을 것"이라고 했다. 그는 머리를 깎고 양복을 사 입었다. 열네 살 때의 경험이었다.

서울은 이광수뿐만 아니라 홍명희와 최남선에게도 근대 학문과 교육을 배울 수 있는 기회를 주었다. 홍명희는 1901년 서울에 올라와 다음 해 열다섯 살에 중교의숙中橋義塾에 다니면서부터 근대적 학문을 익혔다.

이 학교는 군부대신을 지낸 민영기가 1899년에 서울에 세운 근대 학교로 그다음 해 이조판서를 지낸 심상훈이 인수하면서 중교의숙이 되었다.[5] 홍명희는 이 학교에서 산술, 물리, 역사, 법학 등의 근대 학문을 배웠다.

그가 근대적 학문을 어떻게 받아들였는가는 자세히 설명하고 있지 않지만, 「자서전」에서 "완고한 우리 가정에서 어찌하여 학교에 보내게 되었던가. 밖으로는 중교의숙의 숙감이 안으로는 아버지가 시세에 대한 안식이 있는 터라 조부에게 허락을 맡아" 신식 학교에 입학이 가능했다고 한다.

이어 학교에서 돌아와 간간이 할아버지의 명령으로 그 앞에 가서 아이우에오ぁぃぅぇぉ를 외어 들리고 또 아라비아숫자를 써보였다고 한다. 할아버지는 다 듣고 다 보고 나서 "그게 다 무엇인고" 하고 웃

을 때가 많았다. 혹시 맘에 불만스러운 일이 있으면 "멧돼지 잡으려다 집돼지 놓치겠다. 글이나 읽을 걸 그러는가 보다" 하고 시원치 않게 말씀했다고 한다. 여기서 글은 한문 유교 경전을 말한다.

할아버지 앞에서 일본어 철자와 아라비아숫자를 외웠다고 하는 내용을 언급한 것으로 보아 어학과 산수를 배웠던 것으로 보인다. 홍명희는 3년 동안 중교의숙을 다녔고, 열여덟 살 때인 1905년 봄에 일어과를 졸업했다.

최남선은 열세 살인 1902년 경성학당京城學堂에 다녔다. 경성학당은 1896년 4월 기독교 계통 민간단체인 대일본대외교육회에서 개설한 학교로 1906년까지 10년간 존속했다. 그리고 1899년 한국 정부의 인가를 받아 관공립학교가 받는 보조금을 받았다. 설립 초기에는 수업료는 물론 종이와 묵 등 필기도구도 지급했다.[6]

최남선이 수학했던 경성학당에서는 국어, 한문, 산학算學, 지리, 일어 등을 가르쳤다. 이 외에도 지리, 체조 수업을 받았다. 조용만에 따르면 최남선은 "매우 총명한 편이어서 3개월 만에 이 학교를 졸업했다"[7]라고 한다. 이러한 학과를 통해 그가 배운 것은 무엇이고 어떤 과목에 관심이 높았을까? 일본어 학습이 중요했다.

외국어 습득

근대적 학교 교육과정에서 주목해야 할 것은 일본어였다. 이광수는

1905년 서울에 올라와 일진회가 세운 학교에서 일어를 가르쳤는데, 이전에 『일어독학日語獨學』이란 책을 암송한 것이 계기가 되었다. 이 책은 일본어와 한자를 대조한 회화 책인데 일본 가나ヵ ナ로 쓰였으나 그 옆에 한글로 일어 발음을 표기해두었다. 일찍이 습득했던 일본어란 외국어 덕분에 그는 어린 나이에 교사가 되었다.

근대 이후 외국과의 교류가 확대되면서 다른 나라 언어를 습득한 것은 권력이었다. 심지어 "외국어를 조금 아는 사람은 타인의 밀정에 불과하고, 법정法政 계통을 졸업한 사람은 명예욕에서 벗어날 수 없고, 공업이 발달하여 기선, 기차, 대포를 만들었을지라도 외국인의 감언유인에 자국을 사격 함락하여 적국에게 바치게 될 것"이므로 "교육이 여차하면 충분히 망국할 자료"[8]라고 지적되었다.

원어민처럼 러시아를 잘하던 김홍륙金鴻陸이 그러했다. '낫 놓고 기역 자도 모르는 놈'이라고 평가될 정도로 정규교육은 전혀 받지 못했던 그가 러시아 블라디보스토크에서 고용살이를 하다가 고종이 러시아 공사관에 피신해 있을 때 고종의 통역관을 맡았다. 고종의 총애를 받으면서 학부협판, 한성부판윤 등 고위관직을 거쳤다. 러시아어를 잘한다는 것이 출세에 강력한 무기가 되었던 것이다.

영어의 경우도 마찬가지였다. 영어는 19세기 세계 최강의 제국인 영국의 언어였다. 1882년 한국은 미국과 '조미수호통상조규'를 체결했다. 1883년 초대 주한미국공사로 하우드 푸트Harwood Foote가 파견되었고, 윤치호는 미국 공사의 통역관으로 부임했다. 그가 통역관이 될 수 있었던 것은 1881년 조사시찰단의 일원인 어윤중의 수행원 자격으로 일본에 갔을 때 요코하마 주재 네덜란드 영사관 서기관으로부터 영어를 배웠기 때문이다.

윤치호는 어학의 천재였다. 약 4개월간 배운 영어 실력으로 미국 공사의 통역관으로 국가의 중요한 임무를 맡았고, 과거 시험을 거치지 않은 채 지금의 외교통상부에 해당하는 '통리교섭통상사무아문'의 주사로 발탁되었다.

1905년을 전후한 시점에서 외국어, 특히 문명과 관련된 영어와 일본어를 잘하는 것이 하나의 권력이 된 것이다. 서구의 근대적 지식을 수용하는 것은 중국어 번역물과 일본어 번역본을 통해 이루어졌다. 청일전쟁 이후 근대 문명을 수용하는 언어는 중국어에서 점차 일본어로 바뀌었다. 일본어로 된 교과서에서 최남선은 서양 학문을 접했다.

열세 살 때에 일본 신문을 통해서 일본 말을 알게 되고, 아는 대로 일본 책을 모아서 보았는데, 그때 서울서 볼 수 있는 일본 책은 관립 몇 군데 학교에서 교과서로 쓰는 종류가 있을 뿐이다. 하나는 관립 학교에서 초등 산술을 가르치는 수학 교과서요, 또 하나는 관립 의학교에서 일본 의학서를 번역해서 교과서로 쓰는 내과학內科學, 해부학과 같은 종류였다. 나는 이 두 가지를 얻어 보고 신기한 생각을 금하지 못해서, 산술 문제와 해부학 명사 같은 것을 낱낱이 암기하기에 이르렀다.

• 최남선, 「서재한담」에서

앞서 홍명희의 할아버지와 홍명희 사이의 대화에서 드러나듯이, 신학문은 알면 쉽지만 모르면 어려운 것이다. 단순히 아라비아숫자를 아는 것을 넘어서 신학문을 익힌 사람과 그렇지 않은 사람 사이의 간격은 더욱 벌어지게 되었다.

물론 당대 신교육에 관한 비판적인 인식도 있었다. 신학교에서 교육된 학생들이 법률, 경제와 일어, 산술을 익혀 "크게는 각 부의 주사나 판사나 도모하고, 작게는 통역이나 순검이 되고자 할 뿐"[9]이라고 비난받았다. 하지만 신분상승 욕구는 젊은이들에게 신교육을 반드시 받아야 한다는 자극제가 되었다.

일본 유학은 이러한 간격을 더욱 벌어지게 만들었다. 이광수는 『나의 고백』에서 "일본에 유학하여 철로와 화륜선을 부리는 재주를 배우자는 것"이라고 했다. 물질문명을 배우고자 한 점이 강조되었지만 일본 유학을 통해 그들 동경삼재는 정신적 영역까지 많은 감화를 받았다. 홍명희, 최남선, 이광수가 동경삼재로 불리게 된 것처럼, 이들이 본격적으로 근대 학문의 세례를 받은 것은 일본 유학을 통해서였다.

근 대 학 문 의 세 례
일본 유학과 입학

홍명희는 1906년 열아홉 살 때 도요상업학교東洋商業學校 예과 2년
에 보결 입학시험을 보았다. 시험은 국어, 영어, 수학, 한문 외에 역
사, 지리, 생물 과목이었다. 여기서 국어는 일본어를 말한다.

「자서전」에 따르면 역사는 ① 십자군의 원인 및 결과, ② 공자의 약
전略傳 두 문제였다. 십자군에 관해서는 정직하게 '모르겠습니다'의
일본 말인 '와까리마센ゎゕりません'이라고 하고, 공자에 관해서는 아
는 대로 적었다고 한다.

지리 문제는 한국 13도 수부首府와 중국 동해안 중요 도시 10개
를 열거하라는 것이었다. 한국 관련 문제는 "나를 살리는 것이고, 중
국 도시는 상해밖에 들은 것이 없어서 10분의 1만 적은 셈이다"라고
했다.

생물은 네 개의 꽃받침과 네 개의 꽃잎으로 이루어진 십자과十字科

식물의 꽃을 도형으로 설명하라는 것과 몸의 표면에 가시가 돋친 극피동물棘皮動物의 특징을 열거하라는 문제였다. 식물은 개인 교수의 덕으로 무사통과했으나 동물은 배우지 못한 것이라 또 정직하게 "와까리마센"이라고 쓰고 일어나려 했다고 한다. 그때 돌아다니며 감시하던 선생이 특징을 모르거든 사례라도 들라고 해서 선생의 말을 존중하느라고 다시 앉았다고 한다.

극피동물은 바다에 사는 불가사리, 성게, 해삼海蔘 등을 말한다. 홍명희는 "해삼같이 알기 쉬운 예를 들 주제가 되지 못해서 고슴도치가 극피棘皮라고" 썼다고 한다. 그래서 생물 시험에서는 "한 문제는 틀리고 한 문제를 겨우 한 셈"이라고 했다.

수학, 영어, 국어, 한문 중에 한문은 비교적 좀 나았으나 답안이 대개는 다 충분치 못했다고 한다. 그러나 성적 발표에 "나의 이름이 1번에 올랐으니 당시 수험자가 나까지 합하여 두 사람인데 그 한 사람이 나만도 못했던 모양이다"라고 회고했다.

외국 유학은 한 사람의 인생에서 쉽지 않은 기회이자 선택이다. 유학을 가는 데는 다양한 이유가 있겠지만 우리 사회에서 얻을 수 없는 선진 학문을 배우기 위함이 가장 클 것이다. 전통 시대에 '유학 간다'라고 하면, 그 대상지는 앞선 문물을 배울 수 있는 중국이었다. 하지만 한말 이후 유학의 주된 대상지는 일본이었다.

당시 일본은 동아시아 국가들이 근대적 서구 학문을 배울 수 있는 중요한 통로였다. 한말 일제 초 근대 교육을 받은 지식층에게 일본의

청일전쟁을 고대 일본 무사가 용(중국을
상징)을 물리치는 것으로 묘사했다.

발전과 대비된 중국은 정체의 상징이었다. 이러한 인식은 특히 1894년 청일전쟁 이후 보다 분명하게 나타났다.

1899년 『독립신문』 사설에서는 "일본이 동양의 일등국이 된 것은 자기의 단점을 부끄러워하여 고쳤기 때문이며, 청국이 세계에서 약한 나라가 된 것은 교만하고 자기의 허물을 고치지 못했기 때문"이라고 보았다.[1] 그리고 유교로 대표되는 중국적인 것에 매몰되어 있다고 여겼기에 조선은 중국처럼 정체되었다고 보았다.

중국과 구별되는 우리의 정체성을 찾는 활동은 일찍 시작되었다. 고려 시대는 중국과 다른 동국東國을 형상화하기 위해 노력했다. 나아가 조선 후기 실학자들은 중국과 차별성을 지닌 조선의 문화를 찾고자 했다. 그리고 1884년 갑신정변에서 급진개화파는 중국과 동등한 주권국가임을 주장했다.

특히 한말에 중국적인 요소를 배제하는 것은 중화 질서에서 벗어나 근대 주권국가를 수립하기 위한 활동의 하나였다. 1897년 대한제국의 수립은 만국공법적 질서 속에서 고종의 국제정치적 지위를 중국과 일본의 군주와 동등하게 하려는 움직임이었다. 문화적인 측면에서 중국적인 요소의 배제는 조선적인 것의 발견과 맥락을 같이했다. 그렇지만 중국의 사상·문화적 영향에서 조선적인 것을 구별하는 것은 쉽지 않았다.

예를 들면 식민지화의 원인 가운데 하나로 제시된 '사대주의'의 경우, 일제 식민사관은 조선의 고유한 민족성에 기인한 것이라고 보았다. 반면 민족주의 계열의 역사학자는 통시대적인 것이 아니라 특정한 시기인 조선 시대의 산물로 파악했다. 이러한 논쟁 및 대결의 과정에서 중국적인 요소와 구별되는 조선적인 정체성이 발견되었고, 특히 중국과 일본과의 비교에서 조선적인 것의 구체적인 내용이 채워져 나갔다.

최남선은 제국주의의 침략에 무기력해 보이는 중국을 비판하고, 중국이 서구의 신문명 수입에 늦었기 때문에 쇠퇴했다고 보는 입장으로 근대적 지식인과 인식을 공유했다. 그는 1909년 2월 간행된 『소년』의 「해상대한사海上大韓史」에서 중국과 중국인은 '자존자대自尊自大'하는 나라와 민족이기 때문에 근대 수용이 늦었다고 평가했다. '자존자대'는 중국인 자신만을 높이고 크게 생각한다는 의미다. 그리고 한국 고대사를 중국 고대사와 대등한 관계로 서술함으로써 대결 의식을 드러냈다.

19세기 제국의 시대에 일본은 우리와 지리적으로 가까우면서 동북아 지역에서 서구 근대 문명을 학습할 수 있는 공간이었다. 심지어 동경은 '동양의 런던'이라고 불릴 정도였다. 따라서 중국과 한국의 많은 청년이 배움을 위해 일본으로 갔다.

일본 유학은 1881년부터 시작되었다. 우리나라 최초의 일본 유학생은 유길준, 류정수, 윤치호 등이었다. 이들은 1881년 신사유람단의 일원으로 일본의 문명을 체험한 후 동경에 남아 신학문을 공부하기로 결심했다. 일본의 입장에서도 이들은 그들이 최초로 맞이한 외국 유학생이었다. 유길준과 류정수는 후쿠자와 유키치福澤諭吉가 창설한 게이오의숙慶應義塾에 입학했으며, 윤치호는 도진샤同人社에 입학했다.

1894년 갑오개혁 이후 근대 학교의 설립과 함께 유학생 파견은 조선 정부의 중요한 교육정책 가운데 하나로 1895년부터 대규모 관비官費 유학생을 보내기 시작했다. 유학생은 모두 151명이 세 차례에 걸쳐 나갔다. 이들 유학생은 주로 게이오의숙에 입학하여 6개월이나 1년 반에 걸쳐 보통과 교육을 받았다. 관비 유학생은 주로 유력한 가문 출신자로 향후 관직 진출을 염두에 둔 경우가 많았다.

유학생 친목회는 1896년 2월 발간한 『친목회회보』 창간호에서 일본 유학의 이유를 "외국에 유학하여 학문을 배우려 함은 견문을 넓히고 지식을 밝게 하여 국가 정치의 기초와 동량棟梁을 스스로 기약하고 문명개화의 정신과 골자를 자임하자 함"이라고 밝혔다. 동량은 집을 지탱하는 대들보를 의미한다. 이같이 유학생들은 국가와 민족을 위한 선구자가 되고자 다짐했다.

러일전쟁과 일본 유학

동경삼재가 일본 유학을 결심하고 실행한 것은 1904~1905년 사이에 일어났던 러일전쟁 전후의 기간이었다. 최남선은 러일전쟁을 전후해 일본 유학을 갔고, 이광수는 『나의 고백』에서 열두 살에 겪은 러일전쟁을 폭력적인 러시아 군인에 비해 "일본 군인은 군기가 엄하고 우리나라 사람에게 호의를 보였을뿐더러, 그 흉악한 러시아를 쫓아주었다 하여 주민의 환영을 받은 것"이라고 이해했다.

러일전쟁은 이들의 정치적 의식이 더욱 성장하는 계기가 되었다. 민족의식이 싹트기 시작한 것이다. 이광수는 「나」(1947)에서 "나 같은 소년의 마음에도 조국의 흥망이 경각에 달렸음을 아니 느낄 수가 없었다. … 나라의 운명이 위태함을 형용하던 『대한매일신보』와 『황성신문』의 용어는 우리 가슴에 깊이깊이 파고들었다"라고 밝혔다.

계속해서 이광수는 당시 그가 영향을 받았던 인물로 유근, 장지연, 박은식, 신채호를 언급했다. 이들은 한말에 『황성신문』과 『대한매일신보』 등에서 활동했던 대표적인 언론인들이었다. 이광수는 『나의 고백』에서 특히 신채호의 언론 활동에 관해 "『대한매일신보』에서 날카로운 필진을 벌인 것"이라고 평가했다. 그는 신문을 통해 우리나라의 운명과 러일전쟁의 전황과 세계 대세에 대한 목마름을 채울 수 있었다고 했다.

동경삼재 가운데 최남선이 가장 먼저 1904년 황실 파견 유학생의 일원으로 일본에 갔다. 그에게는 첫 번째 유학이며, 국가 차원에서 보

러일전쟁 당시 일본의 배후에 있던 해양 세력 즉 미국과 영국의 모습.

낸 세 번째 파견 유학생 그룹에 속했다. 50명의 황실 유학생은 10월 7일에 인천을 출발하여 10여 일 만에 목적지에 도착했다. 이들은 목포에서 부산으로 가, 그곳에서 배를 타고 쓰시마對馬島, 나가사키長崎, 시모노세키下關를 거쳐 유학 예정지인 동경에 도착했다.

이들 가운데 최린, 조소앙, 최남선 등 44명은 11월 2일 동경부립제일중학교東京府立第一中學校에 입학했다. 그리고 쥰덴중학교順天中學校에 세 명, 메이지법률대明治法律大에 한 명, 농과대학에 한 명, 와세다실업학교早稻田實業學校에 한 명이 입학했다. 동경부립제일중학교에서 최남선은 주당 31시간의 수업을 받았다. 월요일부터 토요일까지 하루 평균 다섯 시간 정도의 수업을 받은 것이다. 하루 수업은 아침 8시 30분에 1교시를 시작해서 50분 학습 후 10분 휴식으로 진행되었다.

교과목 가운데 영어와 수학이 각각 여덟 시간과 일곱 시간으로 가장 큰 비중을 차지했다. 그리고 일어·역사·체조가 각 세 시간, 자연과학이 네 시간, 미술·지리·수신修身이 각 한 시간으로 배정되었다. 수신은 오늘날 도덕이나 윤리 과목에 해당한다. 열다섯 살에 황실 유학생으로 선발되어갔던 이 유학은 3개월이 채 되지 않아 끝났다. 유학생들의 반장이라는 부담감과 함께 현지 적응에 어려움을 겪었기 때문이다. 그는 1905년 초에 귀국했다.

한편 홍명희는 중교의숙 일어과日語科를 졸업한 후 고향 괴산으로 내려왔다가 이곳에서 양잠업養蠶業을 하던 일본인 부부를 통해 일본어 회화에 능통해졌다. 그 과정에서 그는 "동경이 공부하기 좋다는 말을 귀에 젖게 들어서 갑갑한 괴산에 엎드려 있느니 동경에 가서 공부나 할까" 해서 유학했다고 「자서전」에서 밝혔다.

'갑갑한' 괴산과 대비된 공간, 막연하지만 무언가 새로운 공부를 할 수 있는 공간이 일본이었다. 「자서전」에서는 "공부를 간다면 아버지로부터 선선히 허락할지는 모르겠고 구경 갔다 온다면 증조모까지도 구태여 말리지 아니할 것 같아서 구경 간다고 거짓말하고 동경에 가서 떨어져 있어보려고 속으로 작정하고 일본 사람에게만 미리 이 뜻을 통하여 두었다"라고 했다.

하지만 본격적인 유학에 대한 결정은 아버지 홍범식의 권유도 컸다. 홍범식은 "잠깐 구경만 하고 오느니 몇 해 동안 공부를 해보라"고 권했다. 그리고 「자서전」에서 "시골에 있어서 증조모의 허락도 아버지가 맡아주고 서울 와서 조부의 허락도 아버지가 맡아주었다"라고 해서 아버지 홍범식의 애정을 밝혔다. 홍명희는 1905년 열여덟 살에 일본으로 유학을 갔다.

이광수도 비슷한 시기인 1905년에 "세계에 이름난 사람이 되리라는 막연한 생각밖에 없었다. 14세의 소년일뿐더러 그때 조선에는 이러한 소년에게는 무슨 구체적 야심을 줄 만한 자극이 없었기 때문"이라는 이유로 일본에 유학 갔다고 「다난한 반생半生의 도정」에서 밝혔다. 막연하지만 유학은 이들의 삶에 새로운 대안이었다.

일본 근대에 관한 인상

조선인 일본 유학생에게 근대와 관련된 첫 체험은 일본에 도착해서 대도시에 이르는 기차 밖 풍경을 바라보는 시선에서 처음 이루어졌다. 시모노세키에서 동경 혹은 교토까지 기차 여행을 하다 보면 조선과 다른 이국적인 풍경이 먼저 눈에 들어왔다. 이와 함께 유학생들은 차창 밖으로 일본이 이룬 문명개화적 성과를 확인했다. 최남선은 1917년의 기록에서 일본 기차 여행기를 다음과 같이 시작한다.

간 곳마다 삼나무나 소나무의 우거진 산림이 있으니 반드시 신사神社가 있고 마을 가운데에 높고 큰 용마루가 보이는 것은 반드시 사원寺院이요, 10리 혹 5리씩 넓은 운동장이고, 창문 밖 풍경으로 연이어 있는 큰 건물은 소학교 혹은 중학교라.[2]

조선인 유학생에게 유학 가는 도중에 만난 일본은 이국적이면서도 항상 조선과 비교 대상이 되었다. 최남선의 여행기는 조선의 '벌거벗은 민둥산'에 대비되어 일본이 가진 무성하게 우거진 소나무와 삼나무 산림에 대한 인상으로 시작한다. 이와 함께 신사와 사원이라는 이국적 풍경에 대한 묘사가 보인다. 또한 일본 곳곳에 세워진 소학교, 중학교를 부러워했다. 그의 눈에 일본의 근대적 교육시설은 조선보다 앞선 선진 문명의 한 측면이었다.

급행열차로 하루 만에 도착 가능한 시모노세키에서 동경으로 가는 기차 여행을 "봄에서 별안간 겨울 천하에 든 듯하다"라고 표현했다. 이렇듯 순식간에 이루어진 여정이었다. 기차란 교통수단으로 인해 빠른 시간 내에 일본의 시골 풍경이 대도시인 동경 시내의 근대화된 모습으로 치환되었다. 따라서 유학생들의 일본에 대한 인상 대부분은 시골보다는 동경, 교토 등 유학생이 많이 거주하는 대도시 위주로 관찰된 것이었다.

앞에서 말했듯이 동경삼재가 일본에 유학을 간 첫 시점은 러일전쟁에서 일본이 승리한 직후였다. 일본은 전쟁의 승리로 인해 재정과 경제 규모가 팽창했고, 전후에 산업이 발흥해서 호경기를 누리고 있었다.[3]

최남선은 당시 일본 사회에 대해 1910년 발표한 『『소년』의 기왕과 및 장래」에서 "일본 신문명이 바로 과도기의 한 끝에 오르려 한 때라. 이래 5, 6년간에 전쟁의 승리와 기타 지위 상승 등 여러 가지 일에 분격奮激된 인심이 일과 물건을 닥치는 대로 거의 급전직하의 형세로 향상, 진보의 실적을 보이"는 모습이라고 보았다.

동경삼재의 근대 학문 체험은 학교교육뿐만 아니라 도서관 이용이나 다양한 독서를 통해 이루어졌다. 일본에 도착한 홍명희는 동경 신바시新橋 역 앞 여관주인 아들이 전해준 잡지에서 일본 작가의 단편소설을 처음 읽었다. 그는 「자서전」에서 "이때까지 보던 한문 소설과 달라서 머리와 끝이 없는 것이 조금 맘에 서운했지만 짧은 이야기도 상당히 재미있었다"라고 밝혔다. 홍명희가 만난 첫 일본은 이렇듯 문학과 연관성이 컸다.

아울러 일본 동경은 일본인과 식민지 조선인이 만나는 공간이기도 했다. 따라서 재일 유학생은 일상에서 민족주의적인 상황에 직면할 수밖에 없었다. 일본은 조선과 대비되는 공간이었다. 일본인과 조선인이 접촉하는 과정에서 민족주의적 의식을 느낀 것은 홍명희의 사례에서 찾아볼 수 있다. 홍명희는 일본에 간 직후 일본인 집에서 한국인이 많이 사는 기숙사로 거처를 옮겼다. 동행한 일본인 부부가 그를 달리 대우했기 때문이다.

홍명희는 한국에 있을 때 자신에게 일본어 회화를 가르쳐준 일본인 부부에게 호감을 가지고 있었다. 하지만 이들은 일본에 귀국한 후 그를 기미君나 고우꿍洪君이라고 불렀다. 군君은 자네 정도의 의미로 하대하는 표현이다. 홍명희는 "비위가 상했다"고 밝혔다. 심지어 이들 부부가 자신이 머물렀던 조선에 관해 "있는 흉 없는 흉을 늘어놓으니, 옆에서 듣기에 곤란할 때가 많았다"고 했다. 이러한 일본인 부부의 태도 변화는 식민지를 경유한 일본 국민의 입장에서 자신의 공동체에

복귀하고자 한 행위였다고 보인다.

일본인 내외가 양잠 교사로 괴산에 있을 때, 이들은 홍명희의 아버지 홍범식을 만난 적이 있었다. 그때 홍명희는 아버지와 일본인 부부 사이에 통역을 했다. 「자서전」에서 "나는 아버지 앞이라 서서 있고 그 내외는 꿇어앉았었다"라고 밝혔다. 그러나 이들은 일본에 돌아와서 조선을 강하게 비판했고, 이를 통해 제국 일본인의 지위를 회복하고자 했다. 홍명희는 이것이 싫었다. 심지어 "낯을 붉혀가며" 말다툼한 일도 한두 번이 아니었다. 그는 하숙집을 옮기기로 결정했다.

중학교 입학 준비를 하고 홍명희는 1906년 열아홉 살에 도요상업학교 예과 2학년에 편입했다. 그리고 1907년 스무 살에 다이세중학교 大成中學校 3학년에 들어갔다. 늦은 나이에 시작한 중학교 생활에 관해 홍명희는 「자서전」에서 메이지대학明治大學 법과나 와세다대학 정경과를 다니라고 권하는 사람이 많았지만, "속성하려고 애쓸 필요가 없으므로 중학교부터 치러 올라가려고 작정하고 중학교에 입학할 준비를 시작"했다고 밝혔다.

속성이 아닌 단계별 수학 과정을 염두에 둔 점이 당시 다른 유학생들과는 다른 선택이었다. 아버지 홍범식은 홍명희가 중학교를 마치고 대학에서 법률을 전공하기 바랐는데, 본인은 문학이 아닌 "미지의 세계를 연구하는" 자연과학을 공부하고 싶어 했다.

이광수는 1906년 열다섯 살에 다이세중학교 1학년에 입학했다. 이광수가 홍명희보다 1년 먼저 같은 학교에 들어갔다. 「나」(1947)에 따르면 이광수는 유학을 마치고 귀국하면 "대신이나 대장이나 내 마음

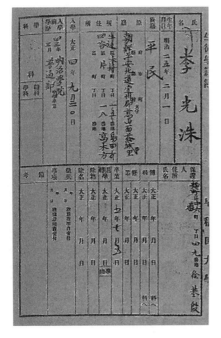

이광수의 메이지학원 학적부.

대로 될 것"이라는 자신감에 차 있었다고 한다.

　조선인 학생의 자취 생활은 어떠했을까? 이광수는 유학생 네댓 명과 함께 집 한 채를 빌려 '마나님'을 두고 자취를 했다. 여기서 '마나님'은 밥을 지어주는 일본인 아주머니를 말한다. 이러한 자취 생활은 유학생에게 일반적이었다.

　많은 공부에도 불구하고 유학 생활은 쉽지 않았다. 특히 학비와 생활비 문제는 절실했다. 일진회가 해산된 이후 1906년 세워진 시천교侍天敎의 도움으로 일본에 유학 간 이광수는 학비가 끊어지게 되자, 『나의 고백』에서 "처음 일본에 건너올 때에 가졌던 어린 꿈"이던 대신이나 대장이 된다는 희망이 "여지없이" 깨졌다고 심정을 피력했다.

홍명희가 다이세중학교를 다니는 동안 최남선은 1906년 다시 일본으로 건너가 9월 와세다대학 전문부 역사지리과에 입학했다.[4] 중도에 귀국한 이광수도 1907년 재차 일본에 건너가 메이지학원 보통부 3학년에 편입했다. 이러는 과정에서 이들 세 사람은 유학을 갔던 동경에서 서로 만나게 되었다.

'동양의 런던'인 동경

첫 만남

이광수는 1909년 11월 29일(일요일) 자 일기에 "와세다대에서 동경대와 와세다대 사이의 야구 경기를 보았다. 돌아오는 길에 홍명희 군을 방문했다. 그는 나와 취미가 같다. 그는 나를 좋아한다. … 최남선 군의 문장과 시를 보다. 확실히 그는 천재다. 현대 우리 문단에 첫 번째 손가락에 들어갈 만하다. 최씨가 나를 만나기를 원한다고, 화요일에 만나기로 하다"라고 썼다.(이광수, 『나: 소년편』에서)

이광수는 최남선과 직접 대면할 기대감을 자신의 일기에서 언급했다. 동경삼재의 첫 만남을 보면 이광수와 홍명희가 먼저 만났고, 홍명희의 소개로 이광수가 최남선을 만났다. 열네 살에 학생들에게 일본어를 학습시킨 조숙한 천재인 이광수의 시선에도 최남선의 문화·문명 기획은 경모하는 천재의 활동으로 비쳐졌다.

홍명희, 최남선, 이광수 세 사람이 만난 것 자체가 '근대'적 현상이었다. 신분에 차이가 있었지만 세 사람의 첫 만남에선 사회적 고정관념이 고려되거나 의식되지 않았다. 이들의 교유는 근대적 지식을 수용했고, 그 장소가 일본 동경이었기에 가능했다. '동양의 런던'인 동경은 서양 문명의 수입이 가장 빠른 곳이었다. 동경은 이들이 이전에 살면서 체험했던 조선과는 상반된 이미지로 받아들여졌다.

1905년 당시 일본 동경의 도심 번화가.

정확한 일시는 알 수 없지만 홍명희와 최남선이 처음 만난 것은 1906년이었을 것이다. 이때는 최남선이 2차 유학을 하던 시기였다. 홍명희는 두 사람이 "사상이 서로 통하고 취미가 서로 합하여"라고 밝혔는데 두 사람의 공통 취미는 독서였다. 이들이 읽은 서적과 신문은 『황성신문』과 중국 상해와 일본에서 발행되던 신문과 잡지였다. 두 사람이 공통으로 관심을 가졌던 신학문은 중국어 번역본과 한국어 번역으로 전달된 서구 서적들을 통해 수용되었다.

같은 학교에 이광수보다 네 살 많은 인물로 홍명희와 문일평이 있었다. 홍명희와 이광수의 만남은 일본 유학 시절인 1906년 초의 일이었다.[1] 홍명희는 동경 혼고구本鄕區의 옥진관이란 하숙집에서 문일평을 만났고 이후 이광수를 만났다. 귀국 후 문일평은 교육가, 역사가로 그리고 조선일보사에서 언론인으로 활동을 했다.

교유 관계를 말할 때는 누구의 기억이 선명하고 자세한지 그 차이를 유의해야 한다. 홍명희와의 만남에 관해서는 이광수가 더 큰 의미를 부여했다. 홍명희는 「자서전」에서 자기가 한국 사람이 기숙하는 하숙집을 찾았고 그곳에서 문일평과 이광수를 만났다고 밝혔다. 홍명희가 이렇게 간단히 서술한 것에 비해 이광수는 두 사람의 만남을 보다 구체적으로 언급했다.

이광수는 홍명희를 처음 만난 곳이 공중목욕탕이었고, "이마에 망건 자국이 허옇게 난 청년 한 분"에게 성명 석 자를 물었더니 "나는 홍명희요"라고 답했다고[2] 회고했다. 망건 자국이란 기억에서 알 수 있듯이 이광수에게 홍명희에 관한 첫 인상은 양반의 외양이었다. 이광수는 「그의 자서전」에서 홍명희를 "그는 나와 달라서 명가名家의 자제요"라고 해서 명문가 출신임을 강조했다. 문일평에 관해서도 이광수는 다양한 기록을 남겼다. 학문 수련과 관련해서 이광수는 문일평에게 어학과 수학을 도와주었고, 문일평은 이광수에게 역사와 정치에 관한 지식을 주로 알려주었다.

이광수는 『나의 고백』에서 문일평과 홍명희에 관해 "홍명희는 문일평과는 달라서 영웅보다는 시인을, 역사보다는 소설에서 더 많이 가치를 찾는 모양"이라고 보았다. 그리고 두 사람의 영향에 관해 홍명희는 '문학의 선배'요, 문일평은 '정치와 역사의 선배'라고 했다.

홍명희와 이광수의 독서 편력

당시 홍명희와 이광수의 접점은 문학이었다. 홍명희는 네 살 어린 이광수에게 바이런의 시와 나쓰메 소세키夏目漱石의 소설을 권했다. 그리고 이광수에 따르면 홍명희는 "당시 일본에서 소개되기 시작하던 때라 발매 금지되는 문학잡지를 열심히 나가서 사러 돌아다녔다"고 한다. 그리고 그것을 구입하면 읽고서 이광수에게 빌려주었다.

홍명희는 다이세중학교 3학년 2학기 말에 휴학을 하고서는 본격적으로 서적을 구입해 독서를 했다. 다른 유학생에 비해 도서 구입에 들어가는 비용은 넉넉했다. 아버지 홍범식이 "25원씩 보내주셔서 다른 낭비는 안 하니까 책 사볼 여유가 비교적 많았고 또 따로 집에서 50원, 100원 타올 수도 있었으니깐"이라고 밝혔다.[3] 1909년 12월 30일 자 『대한매일신보』에 보면 소화를 돕는 약의 가격이 50전, 8급 한인 순사의 월급이 15원으로 나온다. 당시 50원의 가치는 지금 100만 원 정도에 해당한다.

홍명희는 책 읽는 방법에 관해 「자서전」에서 "이 책 저 책 보는 동안에 나의 독서 방법에는 일종 집착이 생기어서 보기 시작한 책은 끝까지 보고야 말았고, 중간 질러 보아 관계없는 책이라도 첫머리부터 시작한 후 결코 중간을 떠들치어 보지 아니했고 책 한 권을 보기 시작한 뒤에는 그 책을 마치기까지 다른 책을 시작하지 아니했다"라고 회고했다.

홍명희가 읽은 책은 대부분이 문예와 관련된 것이었고 자연주의 계열에서 점차 낭만주의 계열의 작품으로 옮겨갔다. 주로 일본인 작가들의 작품을 읽었다. 서양 작품으로는 "명랑하고 경쾌한 불란서 문학 같은 것보다는 침통하고 사색적인 러시아 작품이 내 기질에 맞아요. 거기에는 예술의 맛보다는 인생의 맛이 더 들어 있으니까"라고 해서 러시아 작품을 선호했다. 도스토예프스키의 작품과 크로포트킨의 『빵의 약탈』 그리고 『몰리에르 전집』 등을 읽었다.[4] 앞의 두 사람은 러시아 작가이고, 몰리에르는 프랑스의 대표적인 극작가다.

이광수에게 자연주의와 낭만주의 문학을 권유한 사람은 홍명희였다. 「그의 자서전」에서 이광수는 홍명희를 "동경서 내게 바이런을 소개해준 친구"라고 했다. 이광수와 홍명희는 모두 바이런의 시를 탐독했고, 이광수는 바이런이 "두 사람의 정신을 흔들었다"고 밝혔다. 하지만 이광수는 곧 바이런을 '악마주의'라고 비판적으로 평가하고 톨스토이주의로 경도되었다.

이광수에게 톨스토이의 영향은 컸다. 열네 살에 받은 서양의 세례는 기독교와 성경이었다. 메이지학원에 입학해서 "비로소 예수교의 성경이라는 것을 처음 배웠다"라고 했다. 그리고 "세례 요한 모양으로 대동강 가나 한강 가에 서서 '회개하라. 너희 조선 사람들아!'라고 외치고 싶었다"라고 밝혔다.

기독교의 영향은 이광수에게 반전反戰사상을 심어주었다. 「그의 자서전」에서 러일전쟁 직후 "러일전쟁이 끝난 다음 해여서 누구나 전쟁의 승리를 찬미하는 때"인지라 다시 말해 국가주의가 팽배한 일본 사회에서 전쟁에 반대하긴 쉽지 않았다고 한다. 그럼에도 불구하고 이광수는 자신이 "톨스토이와 함께 비전론자非戰論者"였고 따라서 반의 다른 학생들에게 비국민非國民으로 비판받았다고 한다.

식민지 조선에서 톨스토이의 영향은 컸다. 이광수는『나의 고백』에서도 계속해서 "중학교 삼학년 적에 성경을 배웠고, 또 톨스토이의 저서를 애독하여 그의 무저항주의에 공명했고, 또 그로부터 십년쯤 지나서는 간디의 진리와 무저항운동에 심취했거니와, 이것은 아마 내가 동학에서 배운 정신이 터가 된 것일 것이다"라고 했다. 톨스토이와 간디가 그리고 톨스토이주의가 동학사상과 연결된 것이다.

톨스토이는 최남선에게도 영향을 미쳤다. 그는 "톨스토이 선생의 현대 문명의 비평과 국가 사회에 대한 논의는 아직 우리 소년에게 필요치 아니할 듯하다"라고 전제했다. 그럼에도 불구하고 잡지『소년』을 통해 톨스토이의 학설 가운데 "노동에 관한 구절만 뽑아 번역하여 그의 위대한 사상을 여러분에게 알리"겠다고 밝혔다.[5] 톨스토이주의 가운데 최남선은 근대적 문명관의 하나인 노동 관념을 독자에게 강조하고 싶어 했다.

반면 홍명희는 유학 시절에 톨스토이를 읽지 않았다. 그 이유는 당시 그는 "예수교를 공연히 싫어하던 때"였고 톨스토이의 문학작품이 "모두 예수교 냄새가 나려니 지레짐작"했기 때문이라고 밝혔다. 또한 홍명희는 톨스토이를 예술가라기보다는 도를 전하는 사람이라고

보았다. 혹은 러시아 문학가들과 비교해서 톨스토이의 작품은 "설교에 가까운 것"이어서 재미가 없고, 도스토예프스키의 『죄와 벌』과 『백치』가 "참 좋더군"이라고 평가했다.[6]

1908년 11월 창간된 우리나라 최초의 근대적 잡지 『소년』

글쓰기의 시작

한편 최남선과 이광수의 만남을 주선한 사람은 홍명희였다. 홍명희는 이들 둘을 이전부터 알고 있었다. 최남선과 이광수는 1909년 홍명희가 주선해 그의 동경 숙소에서 만났다. 이 자리에서 최남선은 이광수를 처음 만났지만, 이광수는 이미 최남선을 알고 있었다. 1907년 2월 동경에서 최남선이 안창호의 찬조 연설을 하는 것을 보고 이광수는 감동했던 적이 있었다.

1909년 당시 최남선은 잡지 『소년』에 기사를 기고하고 편찬을 담당한 출판인이었다. 메이지학원을 다니고 있던 이광수는 유학생 집단 안에서 글이 이미 유명했다. 뒷날 이광수는 이날 만남에 관해 「다난한 반생의 도정」에서 "최남선은 와세다대 예과를 버리고 문장보국文章報國을 목적으로 서울에 들어가 『소년』이라는 잡지를 발행하기로 했으니 나더러도 집필하라고 했습니다. … 홍명희, 최남선 두 분은 나를 아우로 사랑하고 나도 두 분을 형으로 경모했습니다"라고 밝혔다.

홍명희의 사회·문화 활동은 두드러지지 않았지만 다른 두 사람에게 형으로, 동료로 존경을 받았다. 이광수는 홍명희에 관해 「다난한 반생의 도정」에서 "문학적 식견이나 독서에 있어서나 나보다 늘 한 걸음을 앞섰다고 생각"했으며, 나아가 한학에 소양이 깊어 재주가 출중한 인물이라고 평가했다. 당시 홍명희는 이광수와 다이세중학교 동급생이었지만 한문에 소양이 깊었고 당대 일본 문단의 출판물을 두루 섭렵한 지식인이었다.

이들이 서로 교유할 수 있었던 것은 독서의 습관과 더불어 글쓰기였다. 『백팔번뇌』(1926) 발문에서 이광수는 "지금부터 15,6년 전부터 육당과 지금 벽초인 그때 가인假人과 나와 삼인집三人集을 하나 내어 보자고 여러 번 이야기가 되었다"라고 밝혔다. 스무 살 전후의 각오였다.

이때 동경삼재는 유학생 단체가 발간하는 잡지에 기고하거나 편집 활동에 적극 참여했다. 최남선은 와세다대학에 다니면서 1906~1907년 『대한유학생학보大韓留學生學報』의 편집을 맡으며 여러 글을 기고했다. 1908년 대한학회大韓學會의 평의원으로도 활동했다.

이광수는 일본어로 단편소설을 발표했다. 그리고 『대한흥학보』, 『소년』, 『학지광』 등의 잡지에 시, 소설, 평론 등을 실었다. 홍명희도 『대한흥학보』 등에 기고했다.

이 시기 동경삼재의 글은 주로 대한제국 국민의 각성을 촉구하는 글과 서양 신지식을 소개하는 내용이었다. 홍명희는 「일괴열혈一塊熱

와세다대학의 박물관과 문과대학.

血」에서 당쟁과 지방열을 비판하고 단군 자손으로서 단합을 주장했다. 최남선은 와세다대학 전문부 역사지리과를 다녀 역사와 지리에 관심이 있었다. 그러면서도 서구의 인물, 자연과학, 근대적 사고 등을 소개하는 데 주력했다.

한편 당시 중학생이던 이광수는 『대한흥학보』 등을 통해 대한제국의 문명화에 앞장서고 새로운 문체로 문학작품을 발표하면서 조선 문단의 중심인물로 부각되었다.

이들 동경삼재는 귀국 후 1910년대 신문화운동에 적극 참여했다. 이들은 서로 형과 동생 사이로 생각하면서 각자의 영역에서 활동했고, 동시에 『소년』과 『청춘』에 적극적으로 글을 기고했다. 홍명희와

일본 유학 시절 발표한 동경삼재의 글 목록[7]

연도	필 자	제목	필명	수록잡지
1906	최남선	헌신적 정신	최남선	『태극학보』1
		헌신적 정신(속)	최남선	『태극학보』2
		분기하라 청년제자(靑年諸子)	대몽생(大夢生)	『태극학보』3
1907	최남선	북창예어(北牕囈語)	대몽생	『태극학보』7
		현시대의 요구ᄒᆞᄂᆞᆫ 인물	최남선	『대한유학생회학보』1
		혜성설	최남선	『대한유학생회학보』1
		지구지과거급미래	학불염생역(學不厭生譯)	『대한유학생회학보』1
		사전(史傳) 화성돈전(華盛頓傳)	최생(崔生)	『대한유학생회학보』1
		우표기원	NS生	『대한유학생회학보』1
		국가의 주동력	최남선	『대한유학생회학보』2
		열심과 성의	최남선	『대한유학생회학보』2
		학해(學海)—지리학잡기(地理學雜記)	최생	『대한유학생회학보』3
		지구지과거급미래(속)	학불염생역	『대한유학생회학보』2
		잡찬(雜纂)—인류의 기원 급 발달	NS생역(譯)	『대한유학생회학보』3
1908	최남선	모르네 나는(시)	대몽최	『대한학회월보』1
		자유의 신에게 / 막은 물 /생각한대로(시)	대몽최	『대한학회월보』2
		그의 손/ 백성의 소래/ 나는 가오(시)	대몽최	『대한학회월보』3
	이광수	「국문과 한문의 과도시대」	이보경	『태극학보』21
		「수병투약(隨病投藥)」	이보경	『태극학보』25
		「혈루(血淚)」	이보경	『태극학보』36
1909	홍명희	일괴열혈(一塊熱血)	홍명희	『대한흥학보』1
		한시 우제(偶題)	벽초생	『대한흥학보』2
		조배공문(弔裵公文)	욕우생(欲愚生) 홍명희	『대한흥학보』4
		원자분자설	욕우생	『대한흥학보』4
		동서 고적(古蹟)의 일반	MH생	『대한흥학보』5
		지역상소역(地歷上小譯)	MH생	『대한흥학보』5
	이광수	사랑인가(일문)	이보경	『백금학보(白金學報)』19
1910	이광수	옥중호걸(산문시)	고주생(孤舟生)	『대한흥학보』9
		금일아한(我韓) 청년과 정육(情育)	이보경	『대한흥학보』10
		문학의 가치	이보경	『대한흥학보』11
		무정(단편소설)	고주	『대한흥학보』11
		「특별기고작문」(일문)	이보경	『富の日本』2
		「여행잡감」(일문)	고주	『신한자유종』3

이광수에 대한 최남선의 기대감은 매우 컸다. 그는 1910년 2월 발간된 『소년』 3권 2호에서 다음과 같이 소식을 올렸다.

이번 일본 길에는 독자 여러분을 위하여 가장 축하할 만한 일이 한 가지 있으니 무엇이냐 하면 곧 장래의 우리나라 문단을 건설도 하고 넓히기도 할뿐더러 다시 한 걸음 나아가 세계의 사조를 한번 크게 흔들 만할 포부를 가지고 바야흐로 사람과 하늘을 놀라게 할 준비를 하시는 가인假人 홍군과 고주孤舟 이군이 수고를 아끼지 아니하고 길게 본 잡지를 위하여 귀한 원고를 보내주시길 약속한 일이라.

가인 홍군은 홍명희를, 고주 이군은 이광수를 가리킨다. 최남선은 1909년 말에서 1910년 초까지 일본에 체류한 뒤, 1910년 2월 1일 귀국하면서 이들의 원고를 받게 된 것에 큰 기대감을 피력했다. 그 결과 1910년 3월 발간된 『소년』 3권 2호부터 이광수의 「어린 희생」 등을 연재했고, 홍명희의 「쿠루이로프 비유담」(14호), 「서적에 대하여 고인의 찬미한 말」(15호), 「사랑」(20호) 등을 실었다.

이광수는 「육당 최남선론」(1925)에서 그의 출판 활동, 특히 잡지 『소년』을 "우리 조선에서 글로 나타난 문화운동의 첫소리"라고 보았으며, 편찬인인 최남선에 관해 "오늘날 육당이 조선에서 가진 명망은 기실 『소년』 시대에서 기초된 것이요, 또 아무리 칭찬하여도 너무 칭찬한다고 할 수 없을 이만큼 그의 공적은 컸다"[8]라고 평가했다.

신문관의 출판물을 통해 세 사람이 다시 조우할 수 있었던 원동력은 일본 유학 시절의 만남이라고 볼 수 있다. 이들 동경삼재는 식민지 조선의 정치적·사회적 상황의 변화에 따라 서로 만나기도 하고 서로 다른 길을 걷기도 했다. 동경삼재의 인연은 일제의 강제 '병합'으로 인해 1910년대 중후반 중국 상해에서 다시 연결된다.

일본 유학 생활

최남선은 1910년에 발표한 「소년시언」[1]에서 1904년 제1차 일본 유학 시절 동경부립제일중학교에 다닐 때를 회고했다. 이 학교에서 수신과 수업을 받던 어느 날 선생님이 "여러분 어느 나라든지 쇠하는 나라를 보시오. 더욱 그의 국민의 얼굴을 보시오. 가깝게 중국인을 보시오. 또 조선인을 보시오. 창백하거나 누렇고 마르다"라고 말했다고 한다. 수신과는 오늘날 도덕 혹은 윤리과목이다.

이 말을 들은 최남선은 "속으로 분하기가 한량이 없었다"라고 하면서 처음에는 일본 사람이 워낙 조선 사람을 험담하니 그러려니 여겼다. 그러다가 "뒤에 이 말을 생각할 때마다 가만히 만나고 보는 사람들의 안색을 살펴보고 과히 헛되이 무고함이 아님을 알아 크게 무엇을 잃은 듯하여 마음이 매우 섭섭하더라"라고 밝혔다. 일본이란 바깥에 나가 조선이란 안을 본 것이다.

10대에 일본 유학을 경험하면서 동경삼재는 일본 근대 문명에 순응하면서도 동시에 반발했다. 일본에서 최남선은 학교 공부 외에 도서관 등을 다니면서 일본에서 근대 문명과 문화를 체험했다. 특히 열다섯 살 때 경험한 일본 출판계의 모습이 조선보다 '성대'함에 감탄했다.

최남선은 일본의 출판문화에 주목했다. 최남선의 회고에 따르면[2] "한번 발을 책방에 들여놓으면 정기간행물·임시간행물 할 것 없이 아무것도 본 것 없고 또 그 비슷한 내용이나 외모에 대하여 조금도 비평할 만한 식견 없는 눈에 다만 대단하다, 굉장하다, 한마디로 엄청나다고 할 뿐"이라고 그의 첫인상을 표현했다.

체험된 민족주의

그는 일본의 출판문화에 압도되었다. 이를 대단하다, 굉장하다, 엄청나다 등 형용사를 연속해 표현했다. 그렇지만 굴복하진 않았다. 최남선은 "그 앞에 한 번 머리를 숙였고, 숙였다가 한숨 쉬고, 한숨 쉬다가 주먹 쥐고 주먹 쥘 때에 곧 '이다음 기회가 있을 터이지' 하는 믿지 못할 헛된 희망을 껴안고 스스로 위로한 적이 있었다"라고 한다. 일본처럼 조선에서 이러한 출판문화를 만들겠다고 결심했다.

일본 유학 기간 동안 동경삼재는 근대 문명의 장점을 습득하면서 동시에 문명화된 일본을 비판적으로 보는 안목을 키워 나갔다. 비록 조선인이 일본인을 본받아서 근대를 이루어야 한다는 논리를 전개했지만, 항상 조선 민족의 발전 가능성을 염두에 두었다.

1909년 9월 『소년』에 실린 「교남홍조嶠南鴻爪」에 한말 시기 최남선의 일본인에 대한 입장이 잘 나타난다. 그는 식민지 조선에 온 일본인 관리, 신문기자, 상인 그리고 공장에서 일하는 사람 모두가 "우리나라 일이라면 재미스럽게 흉보는 것은 일반적이고, 보편적인 사례다"라고 했다.

조선인 재일 유학생에게 일본 동경은 근대와 더불어 민족주의를 체험한 공간이었다. 일본인과 조선인의 경쟁은 함께 공부하는 교실에서도 이루어졌다. 책읽기를 좋아한 홍명희는 학교 공부를 등한시할 정도로 다양한 독서를 즐겼다. 3학년 2학기 말 우연히 고서점에 들어가서 책을 사기 시작한 이후 책을 읽느라 밤을 지새우기도 했다. 「자서전」에 따르면 문학작품 읽기에 빠져 처음에는 교과서도 보지 않았으며, 학교도 "매일 출석하던 것이 밤잠을 잘 못 자게 된 뒤로는 결석이 많아" 소홀해졌다고 한다. 그렇지만 학급 성적 순위는 항상 1, 2등을 놓치지 않았다고 한다.

홍명희는 이런 자신의 성적을 '기적적'이라고 했다. 그러면서도 "이른바 시험공부로 며칠 동안만 애를 쓰면 … 5년간 학기·학년 모든 시험에 첫째 아니면 둘째로 자리의 변동이 거의 없다시피 지냈"다고 자부심을 피력했다. 심지어 일본인 동급생들을 "시험장에서 나의 적수 되기는 사실 부족했다"라고 하면서 민족적 대결 의식을 보였다. 참고로 홍명희와 1, 2등을 다툰 일본인 학생은 나중에 의사가 되어 큰 병원을 운영했다고 한다.

홍명희의 우수한 학교생활은 신문에 나서 아버지 홍범식을 기쁘게 했다. 일본 신문인 『만조보』에 홍명희가 우등생으로 소개되었다. 당시 홍범식은 태인 군수로 재직하고 있었는데 일본인 순사가 홍명희의 소식을 전했다고 한다. 이 일을 홍명희는 「자서전」에서 "우리 아버지가 신문의 흐린 사진이나마 보고, 보고 좋아하여 나중에 자세한 편지와 같이 자기의 사진 한 장을 보내주었다"라고 했다. 아버지를 어려워했던 홍명희는 그의 깊은 사랑에 감격해서 "이것은 나의 평생 잊히지 아니할 자랑의 하나"라고 피력했다.

학습 능력이 뛰어난 조선인에 대한 일본인의 대응은 어떠했을까? 우월한 일본인과 미개한 조선인으로 대비하는 것이 일반적이었다. 홍명희는 일본인 교사의 성적에 대한 칭찬이 달갑지 않았다. 「자서전」에서 "그 칭찬은 멸시당하는 것과 같은 불쾌한 감정을 일으키는 칭찬이라 칭찬하는 것이 고맙지 못했다"라고 했다. 나아가 홍명희는 조선 학생을 시기한 일본인 교사를 '못난이'라고 규정했다. 그는 학교 시절에 "못난이 영어 선생 한 분이 교수 시간에 너희들이 저 한국인만 못하다는 것은 일본 남자의 수치라고 일본 학생 공부를 격려한답시고 나에 대한 증오심을 격동시킨 일이 있었다"라고 회고했다.

일본 유학생에게 교실은 조선과 일본 양 민족을 대변한 학생들이 서로 경쟁하는 공간이었다. 이를 통해 조선인 유학생은 민족주의적·정치적 의식을 키워갔다. 한 사례가 1907년 3월 '와세다대 모의 국회 사건'이다. 와세다대학 정치학과 학생들은 축제의 하나로 매년 모의 국회를 개최해왔다. 1907년에는 조선 황실이 일본 천황에게 '배알'하는 상황을 설정했다. 조선 유학생들은 당연히 조선 황실을 모욕한 이러한 행위에 반발했다. 최남선은 조선인 학생 대표 자격인 총대總代가 되어 학생들의 자퇴를 주도했다. 그래서 그의 2차 유학도 3개월 만에 끝나고 말았다.

'병합'의 충격

동경삼재의 일본 유학 생활은 1907년이 하나의 고비가 된다. 헤이그 밀사 사건으로 고종이 폐위된 것이다. 1905년 을사조약 때도 그러했지만 고종의 폐위는 조선이 망하는 구체적인 모습으로 이해되었다.

1907년의 상황에 관해 이광수는 『나의 고백』에서 "국내에서는 각지에 의병이 일어나서 일본 군인과 싸우고 있었다. 나는 뛰어 나가서 의병이 될까 하는 생각도 났다. 누구에게서 들은 말은 아니나 무슨 비밀결사를 만들어야 할 것도 같아서, 나 또래 칠팔 인이 소년회少年會라는 것을 조직하고 회람용 잡지를 만들었다"라고 했다.

이 글에서 고종에 관해서도 "우리들 민간에서 알기에는 광무황제도 좋은 임금은 아니었으나 그가 독립을 위해서 일본에 항거한 것을 고맙게 생각해서 그의 선위를 슬퍼했다. 그보다도 황태자는 천치라고 소문이 난 이인데, 똑똑한 임금이신 광무로도 당치 못하던 일본의 압박을 천치라는 새 임금이 어떻게 당해내랴 하여 망국의 운명이 더욱 절박한 것을 아니 느낄 수가 없었다"라고 밝혔다. 여기서 광무는 고종을 가리킨다. 이러한 시대적 흐름에 관해 홍명희는 별다른 언급을 하지 않았다. 하지만 식민지란 상황을 누구보다 뼈저리게 맞닥뜨렸다. 그의 아버지 홍범식이 강제 '병합' 당시 자결을 했기 때문이다.

홍명희에게 아버지는 어떠한 존재였을까? 어릴 때부터 "집안에 무서운 어른이 없이 자라던" 홍명희에게 홍범식은 "오직 하나 무서운 사람이었다"라고 할 정도로 엄한 아버지였다. 아버지를 꺼려했다고 한다. 하지만 「홍벽초·현기당 대담」(1941)에서 열서너 살 때 홍범식으로부터 벽초란 호 가운데 '벽碧' 자를 받았다고 밝혔다. 나아가 홍명희는 「자서전」에서 "지금 생각하면 별로 신신치도 못한 시구詩句를 내가 아직도 기억하고 있는 것은 난생처음으로 아버지에게 칭찬을 받은 까닭이다"라고 해서 어린 시절 아버지에게 받은 작은 칭찬을 잊지 않았다.

아버지 홍범식의 허락으로 일본에 유학했고, 집안에서 보내준 학비 덕분에 서적 구입조차 걱정하지 않았다. 홍명희는 "일본 말을 철저하게 배우고 신학문을 기초부터 시작하기 위해서" 중학교 과정부터 다녔다. 그런데 무엇을 공부할 것인가에 관해서는 부자간에 생각이 달랐다. 「홍벽초·현기당 대담」에 따르면 아버지 홍범식은 일본에서 법률을 배워오길 바랐는데 홍명희는 자연과학을 공부하고 싶어 했다. 자연과학이 재미도 있고 모르는 "미지의 세계에 대한 동경"이 심했기 때문이었다.

'병합'을 앞둔 시기에 아버지의 죽음은 홍명희의 인생을 바꾸는 한

대한제국 관리 복장을 한 홍명희의
아버지 홍범식.

계기가 되었다. 1910년 8월 29일 '경술국치'의 날 금산 군수였던 홍범식은 객사 뒤뜰 소나무 가지에 목을 매고 자결했다. 객사 벽에 "나라가 파멸하고 임금이 없어지니 죽지 않고 무엇하리"라는 여덟 글자의 한자로 쓴 유언을 남겼다.[3] 일제에 의해 식민지가 되고 난 뒤 첫 번째 순국이었다.

홍범식의 장례는 금산 군민 전체의 애도 속에서 성대히 치러졌다. 장례 행렬은 금산에서 선산이 있는 괴산까지 300리 길을 함께했다. 홍범식은 자결하면서 10여 통의 유서를 남겼는데 장남 홍명희에게는 다음과 같이 당부했다.

기울어진 국운을 바로잡기에 내 힘이 무력하기 그지없고 망국노의 수치와 설움을 감추려니 비분을 금할 수 없어 스스로 순국의 길을 택하지 않을 수가 없구나. 피치 못해 가는 길이니 내 아들아, 너희들은 어떻게 하나 조선 사람으로서의 의무와 도리를 다하여 잃어진 나라를 기어이 찾아야 한다. 죽을지언정 친일을 하지 말고 먼 훗날에라도 나를 욕되게 하지 말아라.[4]

당시의 상황을 해방 후 홍명희는 "온 세상이 별안간 칠통漆桶 속을 들어간 듯 눈앞이 캄캄했다"라고 표현했다.[5] 칠통은 아주 까맣고 깜깜해서 아무것도 알 수 없는 상태다. 홍범식의 손자이자 홍명희의 아들 홍기문은 1936년에 쓴 아버지에 관한 글에서 "할아버지의 최후로 말미암아서 가정에나 사회에나 마음을 붙이시지 못하고 외국으로 나가" 버렸다고 했다. 그리고 서울로 올라간 줄 알았던 아버지가 영영 타국으로 나가노라고 편지를 보내오자 "고조할머니도 우시고 증조할아버지도 우시고 온 집안이 난가亂家가 되었다"라고 했다.[6] 해방 후 이루어진 홍명희에 관한 평가도 그러했다.

> 홍씨가 만약에 부귀와 공명을 누리려고 하면 삼천재三天才의 두 사람의 공명을 지나쳤을 것이다. 하나 홍씨에게는 철천지 원한이 있다. 홍씨의 춘부장은 한일병합이 되는 것을 보고 자결하신 분이다. 이것으로 홍씨의 가슴에 큰 못이 박혔다. 조선 천하가 다 왜노의 수하가 되더라도 홍씨만은 고절高節을 지킬 것이 절대적이다.[7]

춘부장은 아버지의 다른 말로 홍명희의 아버지 홍범식을 이른다. 이광수의 경우에도 『나의 고백』에서 "나와 한 학교, 한 하숙에 있던 홍명희 군의 아버지도 금산 군수로서 자결하여 죽었다. 홍군이 다녀와서 하는 말을 들으면 금산 군민이 울면서 상여를 메었다고 한다. 그때 동포들의 마음에 이렇게 나라 일을 슬퍼하여서 죽은 이는 충신이라 하여 매우 사모하고 존경한 것이었다. 자기네는 죽지 못하나 충신들이 대신 죽어준 것같이 생각한 것이었다"라고 회고했다.

제 2 부

동경삼재와 민족

귀국과 계몽운동 참여

일본에서 배를 타고 귀국하게 되면 가장 먼저 도착하는 곳은 부산이다. 아직 일본에 의해 식민지가 되기 전인 1910년 3월, 이광수의 귀국을 맞이한 것은 '무서운' 일본 관헌이었다. 그는 자신이 "벌써 경찰의 주목을 받을 연령"이 되었다고 했다. 그는 만 열여덟 살이었다. 뿐만 아니라 일본 동경에서 뜻을 함께한 몇몇 학생이 발행하던 "등사판잡지가 동경 경시청에 압수된 사건으로 해서 그 책임자로 필자인 나는 일본 관헌의 요시찰 인물 명부에 올랐다"고 귀국 인상을 밝혔다. 등사판 잡지는 1908년 초중반에 조직된 대한소년회에서 발간한『신한자유종』이다. 이 잡지는 1908년에 1호, 1909년에 2호, 1910년에 3호가 발간되었으며 이광수가 편집을 맡았다.[1]

일본 유학생에게 귀국 결심은 그 자체로 큰 결단이었다. 일본에서 배운 학문을 조선에 가서 활용해야겠다는 다짐과 기대는 귀국 소감과 이들을 보내는 송별사로 당시 재일 유학생이 발행하는 잡지에 빈번히 나타났다. 이광수는 열아홉 살 때 고등학교 진학을 포기하고 교사가 된 이유를 "고등학교에 들어가는 것을 버린다는 것은 평생의 개인적 영화의 야심을 버리는 것"이며 "그때에 우리 또래 학생들 중에는 '나라를 위하여 저를 희생하자' 하는 생각이 유행했다"라고 『나의 고백』에서 밝혔다.

귀국의 불안감

개인적인 기대감과 부산에서의 불안감은 곧 조선이 식민지가 되고 있다는 현실감으로 전환되었다. 서울로 가기 위해서 경부선 기차를 탄 이광수는 일본인과 조선인에 대한 민족 차별을 느꼈다. 기차는 요금별로 칸이 나뉘어 있었고 "한국 사람이 타는 칸과 일본 사람이 타는 칸이 구별"되어 있었다고 했다. 이는 이광수가 4년 전 일본에 갈 때는 없었던 것으로써 "일본인이 도리어 주인이 되고 우리 한국인이 거꾸로 객이 되어" 주객이 전도되었다고 했다.

일본 유학생들은 귀국을 하면서 민족주의를 혹독하게 체험하게 되었다. 민족 간의 차별이 공간에 따라 나누어지는 것을 이광수는 『나의 고백』에서 다음과 같이 기억했다. 부산역의 직원이 양복을 입고 있는 자신에게 일본인 칸에 타라고 권했다. 그러자 이광수는 "전신에 피가

한말 남대문역(지금 서울역)에서 열린 경부선 개통식.

거꾸로 흐르는 분격을 느꼈다. 나는 '나도 조선인이오' 하고 조선인이
타는 칸에 올랐다"라고 한다. 이광수의 자전적 글인 「나」에서도 이러
한 상황에 "이를 갈지 아니할 수 없었다" 그리고 속으로 "오냐, 이제
두고 보아라! 내 피로 조선의 영광을 회복할 것이다!"라고 맹세했다
고 한다.

　부산에서 서울로 오는 철도 여행은 근대적인 체험인 동시에 민족에
대한 성찰을 각성하게 했다. 부산역에서 동포들의 생활 모습을 보고
『나의 고백』에서 "나는 이 동포들을 다 이렇지 아니하도록 그리고 모
두 깨끗하고 점잖게 되도록 가르치는 것이 내 책임이라고 생각했다.
그러고는 내가 할 수 있는 대로는 말로 몸으로 그들을 도우려고 애를

썼다"라고 했다. 그의 눈에 동포가 본격적으로 보이기 시작한 것이다. 심지어 일본 유학생이 처음 마주한 귀국길의 풍경은 일본과 대비된 조선의 '벌거벗은 산'이었다.

출판과 계몽운동

그렇다면 동포를 계몽시키는 방안은 무엇일까? 이광수가 교육에 뜻을 두었다면 최남선은 언론 출판 활동을 시작했다. 동경삼재 가운데 최남선이 가장 먼저 귀국했다. 일본에서 신학문을 수용하고 출판과 인쇄문화에 크게 느낀 바가 많았던 그가 귀국 후 하고자 했던 일은 무엇이었을까? 귀국 후 신문관을 설립하고 잡지 『소년』과 단행본 등을 발간했다. 『소년』을 발간한 이유를 다음과 같이 밝혔다.

> 시대의 사조를 하나로 모으는 근본으로 신흥하는 교육계에 구체적인 교과서를 공급하려 함이 그 제일 먼저 할 기획이었도다. … 사회 장래의 중추를 담임할 청년들에게 정당한 자각과 질실質實한 풍기를 환기하기 위하여 잡지 『소년』을 발간했도다.[2]

최남선은 대한제국의 자강自强을 책임질 주동력인 청년층에게 그 자신이 수련받은 근대 학문을 소개하고자 했다. 귀국할 때까지 2년이 넘었던 2차 유학 기간 동안의 일본 체류 경험은 이후 최남선의 삶을

을지로에 신문관과 조선광문회가 있었다. 이 건물은 조선광문회로 1969년에 철거됐다.

규정했다. 인물에 관한 관심도 바뀌었다. 이전에는 이순신, 을지문덕 등 민족적 영웅을 강조했다면 이제 문명적 영웅을 강조했다. 1909년 에디슨을 언급하면서 "나폴레옹의 이름도 기억해야 하고 워싱턴이 한 일도 외어야 하되 이러한 기묘한 기계를 만들어낸 사람의 일도 또한 알아둘 만하오"[3]라고 했다.

대한제국의 청년들이 에디슨을 배워 새로운 대한을 만들자고 역설했다. 같은 글에서 최남선은 에디슨과 같이 유익한 발명으로 문명 발달을 도운 사람을 '거룩한 사람'이라고 표현했다. 그리고 그에 관한 행적을 살펴 진심으로 경의를 표하는 동시에 "우리 신대한新大韓에는 어떠한 발명의 나무가 자라가고 알이 깨어가는가를 알고자 하오"라고 희망을 내비쳤다.

또한 최남선이 쓴 것으로 보이는 『수산격몽요결修删擊蒙要訣』이란 책의 광고를 통해 "문명이란 무엇인가. 전등만도 아니오. 철도만도 아니오. 화학의 응용만도 아니오. 물성物性의 규명만도 아니라 개인에 있어서든지 사회에 있어서든지 지智·덕德·체體 세 가지가 평균하게 발달됨을 위함이라. 그러나 시대의 추세는 이를 망각하고 문명을 전선

1914년 10월 신문관에서 창간되어 발행한 잡지 『청춘』

에서 구하며 철도 궤도에서 구하니. 아. 이 또한 어리석도다"[4]라고 밝혔다. 이 책은 율곡栗谷 이이李珥가 쓴 아동용 교과서 『격몽요결擊蒙要訣』에 다양한 근대적 지식을 담아 편찬한 것이다. 최남선의 문명에 관한 관심은 물질적인 부분에서 정신적인 영역으로 확장되었다.

최남선은 대한의 소년을 계몽하는 것이 자신의 역할이라고 했다. 이는 출판 사업으로 이어졌다. 식민지가 된 이후에도 최남선은 신문관과 조선광문회의 출판물과 『청춘』을 통해 동일한 목적의 출판 사업을 계속했다. 출판과 함께 중요한 것이 교육이었다.

계몽운동 시기에 교육은 어떠한 의미가 있었는가? 김구는 "이제부터라도 우리는 세계 문명 각국의 교육제도를 본받아서 학교를 세우고 이 나라 백성의 자녀들을 교육하여 그들을 건전한 2세들로 양성해야

합니다. 또한 애국지사들을 규합하여 이 나라 국민으로 하여금 나라 잃은 고통이 어떤 것인지, 나라가 발전하는 복락이 어떤 것인지를 알도록 해야 합니다. 이것이 우리나라를 망하는 것으로부터 구할 수 있는 길이라고 생각합니다"[5]라고 밝혔다. 그는 계속해서 "당시에는 애국지사라는 한 계급이 있었다. 그들은 돌아다니며 비분강개한 연설을 하고 사립학교를 일으키는 것이 업이었다. 그들의 대부분은 신민회의 회원이었다"[6]라고 당시의 상황을 전했다. 신민회 회원인 김구도 1908년 애국사상을 고취하고 신교육을 실시하기 위해 서울에서 황해도로 돌아와 교육계에 종사했다.

일본과 조선의 차이가 서구 근대의 수용 여부에서 비롯되었다는 인식은 일본을 비판하기 어렵게 만들었다. 1909년 말에서 1910년 초에 일본을 방문한 후 최남선이 "귀로 듣고 눈으로 보고 마음으로 생각하여 『소년』 편집상에 새롭게 계획한 것이 있는 듯한 모양"[7]으로 소개되었듯이, 일본은 편집인 최남선에게 항상 새로운 정보를 주는 존재였다.

일제의 군사력, 경제력에 압도당한 상황에서 조선이 우위를 찾을 수 있는 영역은 문화적 측면이었다. 그 방안은 과거의 한일 관계 즉 조선에서 일본으로의 문화 전파를 강조하는 것에 있었다. 최남선은 「해상대한사」에서 "원시 시대에 일본을 건설한 자도 우리 민족의 한 일족인 듯하고, 이미 일국을 형성한 뒤에도 의복, 문자와 백공기예百工技藝를 다 우리나라에서 수입하여 비로소 문물이란 것을 얻었고"라고 주장했다.

한편 홍명희는 졸업시험도 치르지 않은 채 귀국했다. 『나의 고백』에 나오듯 이광수에게 인상적이었던 홍명희에 관한 기억은 "그까짓 졸업은 해서 무얼해"라는 말이었다. 다이세중학교 졸업을 앞둔 1910년 2월 홍명희는 귀국했다. 유학 시절에 관해 홍명희는 "우리 사람 심정의 증오가 필요한 것임은 이때부터 잘 알게 되었습니다"[8]라고 술회했다. 학위를 얻

메이지학원 졸업 사진. 맨 뒷줄 왼쪽에서 첫 번째가 이광수.

는 것이 성공에 중요한 요소였다. 그렇지만 홍명희는 피식민지 지식인으로서 출세 지향적이지 않았다.

교육과 계몽운동

이광수는 1909년 안중근 의거에 관해 "하얼빈 사건 뒤에 우리는 공부할 마음을 잃었다. 조국의 흥망이 경각에 달렸다는 절박한 의식이 우리들의 마음을 설레게 했다"라고 밝혔다. 나아가 「그의 자서전」에서 1910년 상황을 "당시 기개 있다고 자처하는 청년들은 이때가 한가롭게 공부하고 앉았을 때가 아니라, 고국에 돌아가서 민중을 각성시

켜야 할 때라는 비분강개한 생각을 가졌"다고 했다.

이광수는 1910년 3월 메이지학원 보통부 중학 5학년을 졸업했다. '병합'을 앞둔 상황에서 그는 "무엇을 배울 때가 아니요, 남을 가르칠 때라고" 자임했다. 그리고 이승훈의 주선으로 정주 오산학교의 교원이 되었다. 귀국길에는 서울에 들러 홍명희, 최남선을 만나기도 했다.

그때의 상황에 관해 『나의 고백』에서 "그는 북촌 꽤 큰 집에 살고 있었다. 그는 별로 하는 일은 없었"다고 홍명희를 표현했다. 실제로 귀국 후 홍명희는 주로 고향 괴산에 있으면서 자주 서울을 왕래했고, 러시아에 유학해서 러시아 문학을 본격적으로 공부하려는 계획을 가지고 있었다. 구체적으로 블라디보스토크에 있는 원동신문사遠東新聞社 특파원을 알게 된 것을 계기로 그의 도움을 받아 러시아에 가고자 했다.[9] 이광수는 최남선과의 만남을 좀 더 길게 서술했다.

> 최남선은 벌써 신문관이라는 인쇄소를 차려 놓고 『소년』이라는 월간 잡지를 발행하고 있어서 나이는 나보다 두 살밖에 아니 되나 우리나라의 명사가 되었다. 더구나 도산 안창호의 지우知遇를 받아서 그는 청년학우회의 간부였고, 그의 잡지 『소년』은 준기관지였다.
>
> • 이광수, 『나의 고백』에서

이광수는 민족주의적 이유로 교사가 되려고 결심했다고 강조했다. 『나의 고백』에서 교사가 된 것을 "민족운동의 첫 실천"으로, 열아홉 먹은 중학교 졸업생으로서 했던 "애국지사의 행동"이라고 스스로 평가했다. 나아가 이러한 결정은 비장하기조차 했다. 이광수는 "고등학교에 들어가는 것을 버린다는 것은 평생 개인적 영화의 야심을 버리는 것"이라고 밝혔다.

반면에 이러한 이광수의 결심에 홍명희와 최남선은 인생을 걸 만한 선택으로 생각하지 않았다. 이광수는 자신에게는 큰 결심인데 대수롭지 않게 여기는 점이 섭섭했다. 『나의 고백』에서 "나는 그들이 교육의 중요성을 인식하지 못하는 것이라고 분개하면서 또 한 끝으로는 내가 정말 낙천落遷하여서 시골에 묻혀 버리는 것이 아닌가 하는 적막한 생각도 났다"고 불안해하기도 했다.

이광수의 오산학교 교원 생활

실제로 오산학교 교원으로 부임한 이후 이광수가 부딪친 조선의 현실은 만만치 않았다. 당대 조선인의 정서에 관해 「나」에서 "내가 공부가 용하면 왜 벼슬을 아니하고 이 시골에 묻혔느냐 하는 것은 어디를 가도 받는 질문"이라고 했다. 그리고 "우리 동포가 원하는 것이 첫째도 벼슬이요, 둘째도 벼슬이요, 셋째로도 벼슬이었다"라고 회고했다. 처음에 지녔던 그의 신념이 흔들리기 시작했다.

그들은 내게 일본 이야기를 묻고, 세상이 어떻게 되는가를 묻고, 학교 공부를 하면 무슨 벼슬을 하는가며, 나는 일본까지 가서 공부를 하고도 왜 벼슬을 못 하는가, 이러한 내게는 아픈 소리를 묻는 이도 있었다. 나는 이 사람들에게 교육 사업의 뜻을 말하거나 내 흉중에 있는 크나 큰 경륜—톨스토이도 못 한 것을 한다는 경륜을 설명하여도 쓸데없다고 생각했다.

• 이광수, 「나: 소년편」에서

심지어 오산학교 시절 이광수는 초조했다. 일본에서 습득한 근대적 문명과 문화를 식민지 조선에 보급하거나 실현하기가 어려웠다. 『나의 고백』에서 "서울에 올라가 최남선 집에 머물면서 여러 친구도 만나보고 세상 소문도 듣는 것이 즐거움이었으나 이것도 해마다는 못 했다"라고 했다. 오산학교 생활에 점차 자신감을 잃어갔다.

세대 간의 소통도 부족했다. 동경삼재는 윗세대의 도움을 받지 못한 존재로 자신들을 규정했다. 최남선은 윗세대에게 "그대의 좋아하는 바가 반드시 우리의 좋아하는 바가 아니오"라고 전제하고 "모든 주권이 다 우리의 손에 옮겨와 있음을 생각"하라고 주장했다.[10] 급격한 윗세대와의 단절로 그들은 스스로를 '청춘을 잃은' 세대라고 자처했다.

이러한 구분은 '신지식인층'이던 자신들의 존재감을 부각하는 한 방안이기도 했다. 이광수가 가장 적극적이었다. 그는 「오도답파여행」에서 "문명 진보를 위해서는 구습의 주인인 노인들이 어서 세상을 떠남이 좋겠"다는 바람을 피력했다. 그 이유를 "우리를 빈궁하게 만들고 어리석고 약하게 만든" 옛날과 단절하고 "우리의 새 세대를 최선을 다하여 곱고 아름답고 부富하고 강彊하게 만들어야" 하기 때문이라고 했다. 이를 통해 "반도의 싹트는 삼림이 날로 무성하듯 신시대의 새 생명이 계속해서 성장한다"[11]라고 역설했다.

이광수는 그들 신지식인층의 책임감을 언급함으로써 단절의식을 보여주었다. 최남선 역시 1915년 1월 『청춘』 4호에 실린 「아관我觀」에서 거듭 "우리는 쳐다볼 목표가 될 만한 이가 있는가, 우리가 나아갈 길을 개척한 이가 있는가, 우리의 길잡이 되는 이가 있는가, 자기가 애쓰다 못 한 것을 우리에게 물려주고 우리가 뒷받침할 만큼 자기의 영향을 끼친 이가 있는가"라고 묻고, "우리는 선배라는 것이 있지 아니하도다"라고 단정했다.

한말 시기 동경삼재는 일본 유학 기간 동안, 학교 교육과 서점·도서관 등의 출판물을 통해 근대를 체험했다. 홍명희는 자연주의 문학 영역에서, 최남선은 역사와 조선 문화 영역에서, 이광수는 문학과 사회 평론의 영역에서 각자의 장점을 발휘했다. 일본에서 귀국한 후 최남선은 출판·언론 활동을 하면서, 이광수는 교사와 언론인으로서, 홍명희는 중국 지역에서 민족운동가와 교류하면서 움직였다. 특히 신문화 수용 때부터 선두주자였던 이광수와 최남선이 활동한 1910년대를 문학평론가 백철은 "최남선-이광수의 2인 시대"라고 불렀다.[12] 그런데 1910년 8월 '병합'은 동경삼재의 삶에 또 다른 선택을 강요했다.

강제 '병합' 전후

이광수는 '병합' 이후 당대 조선 지식인의 처지를 안타깝게 묘사했다. 블라디보스토크를 당시 해삼위海蔘威라고 했는데, 이곳을 방문한 후 남긴 「해삼위海蔘威로서」(1915)에서 자신을 포함해 이들은 "어려서부터 소년의 재미도 보지 못하고 실상 아무것도 못" 했다고 보았다. 청년이라면 즐거워야 하는데 이들은 "시대의 풍파에 부대껴서" 번민과 실패에 빠지고 신경쇠약이니 불면증이니 하는 '정신적 피로'에 빠진 신세라고 했다. '기구한 팔자'를 타고난 이들은 "어디로 꽃같은 청춘을 보낸다 말 것인지 알지 못하겠다"라고 했다.[1] 번민, 신경쇠약, 불면증 등이 당대 식민지 청년의 정신 상태를 말해주는 단어였다. 특히 신경쇠약은 일본에 의해 식민지화가 진행되는 과정에서 홍명희, 최남선 두 사람이 같이 경험한 정신적 동요 현상이었다.

귀국 이후 동경삼재는 식민지 상황에서 본격적으로 활동했다. 귀국 과정 및 국내에서의 이들의 활동 폭은 제한되거나 굴절될 수밖에 없었다. 1910년 일제에 의한 '병합'은 조선왕조의 운명은 물론 한국인들의 일상생활에 큰 변화를 가져왔다. 일제의 입장에서는 자신들이 식민지를 경영했던 최초의 비유럽 국가였다.

'병합'에 대해 이광수는 『나의 고백』에서 "왜? 대황제가 이 나라 주인이냐? 그가 무엇이기에 이 나라와 이 백성을 남의 나라에 줄 권리가 있느냐?" 하는 물음을 제기했다. 왕의 나라가 아니라 백성의 나라가 되어야 한다고 보았다. 그리고 비록 나이는 어리지만 이광수 자신은 힘을 길러야 하고 "내 앞날이 이 힘을 찾기에 바칠 것"이라고 신념을 피력했다. 동경삼재의 삶에서 '병합'이라는 사건이 준 영향은 무엇일까?

이광수는 이날을 다음과 같이 기억했다. 「나」에서 "경술, 8월 29일이 내게도 큰 충격이 된 것은 말할 것도 없다. 나는 많은 슬픈 노래와 시를 지어 학생들에게 보였다. 그 노래들은 우리 학교에서뿐만 아니라 다른 데도 널리 퍼졌다. 이것도 이 지방에 내 명예를 높인 한 원인이 되었다"라고 했다. 경술은 1910년을 말한다.

그리고 최남선과 홍명희의 심정을 미루어 감정이입했다. 『나의 고백』에서 최남선이 자기는 '시대의 희생자'라고 말했는데 이광수 자신도 같은 심정이라고 했다. 이어 "홍명희가 공부만 다 마치고 졸업 시험을 아니 치른 것도 아마 그와 같은 생각이었을 것"이라고 했다.

홍명희는 1910년 2월에 귀국했다. 귀국의 이유를 「자서전」에서

"대개 내가 처음에 작정한 대로 공부하지 못한 것은 다른 큰 원인이 있지마는 졸업 시험을 치르지 아니하고 5년 2학기 말에 중학교를 그만둔 것은 신경쇠약이 유일한 원인"이라고 밝혔다. 같은 글에서 "육적肉的 사상 중독과 신경쇠약"이라는 표현도 썼다.

'병합'의 정신적 충격

'병합'이라는 정치적 충격 속에서 1910년대 동경삼재의 정서를 표현하는 용어는 신경쇠약이었다. 신경쇠약neurasthenia은 이희승 편 『국어대사전』에 "엄밀하게 말하면 급성 신경쇠약, 즉 신경계의 피로에 의한 자극성 쇠약의 질환. 감정이 발작적으로 앙진·격변하며, 끈기가 없어 곧 권태나 피로에 빠지고, 기억력 감퇴·불면증에 걸리는"[2] 현상이라고 나온다.

최남선도 마찬가지였다. 그는 「집필자의 문장」(1909)에서 "나는 병들었다"라고 전제했다. "작년 여름부터 신경쇠약증에 걸려서 이때까지 쾌유치 못하여 걱정"이라고 했다. 작년 여름은 1908년 여름을 말한다. 자신만의 일이 아니었다. 당시의 시대적 상황에서 "우리는 병들었다. 그러나 쉬지를 못" 하고 있다고[3] 밝혔다.

이광수는 오산학교에서 교사를 했지만, 귀국 당시에 가졌던 교육에 관한 이상을 제대로 실현하지 못했다. 심지어 제자와 학부형의 비판을 받았다. 「그의 자서전」에서 "내게서 배운 몇 사람이 나를 톨스토

강제 '병합'을 기념하는 엽서와 만화들. 세 번째 그림의 가운데 남성은 데라우치 초대 총독.

이주의를 학생 간에 선전하는 이단자라고 해서 교회와 학부형 방면에 나를 배척하는 운동을 일으켰다"라고 했다. 게다가 "가정의 불만과 몸이 약해짐과 또 새로운 야심에 대한 동경憧憬"이 겹쳐졌다고 하면서 이 사건으로 해서 K를 떠날 마음을 굳게 먹었다. K는 오산학교다.

이렇듯 홍명희, 이광수, 최남선 이들 동경삼재는 모두 정신적 공황을 겪었다. 또한 1910년대 조선 지식인의 정서와 행동을 잘 표현한 것이 '방랑'이다. 방랑은 어디를 갈 것이며 무슨 목적으로 갈 것인지 등 계획을 세우지 않은 여행을 말한다. 당시 세 사람의 기록에는 방랑이란 표현이 자주 등장한다.

외국으로의 방랑

이광수는 『나의 고백』에서 방랑을 '시대사조'라고 하고, "이렇게 방랑의 길을 떠나는 것이 무슨 영광인 것같이도 생각"했다고 한다.

교육에 관한 기대가 좌절로 바뀌자 이광수는 1913년 말에 방랑의 길을 떠났다. 「그의 자서전」에서 그때는 "발발勃勃한 커다란 마음과 공상적 방랑성"이 마음에 가득 찼다고 한다. 그리고 "뜻 있다는 사람들은 많이 압록강을 건너 비가悲歌를 부르며 만주나 시베리아 등 해외로 방랑의 길을 나섰던 것"[4]이라고 밝혔다. 당시 스물세 살이었다.

방랑은 구체적인 목적과 계획이 없이 떠도는 것이다. 「그의 자서전」을 보면 집을 떠날 때 그는 "오직 입은 옷 한 벌과 겨우 국경을 넘을 만한 돈이 든 돈지갑 하나뿐"이었다. 그리고 "어디를 무엇을 하러 가느냐 하면 꼭 바로 집어 대답할 말은 없으면서도 그래도 가슴속에는 무슨 분명한 목적이 있는 듯도 싶은 그러한 길"이라고 했다.

이광수는 「잊음의 나라로」(1925)란 글에서 적은 돈으로 외국을 나가는 방랑의 길에는 슬픔이 동반한다고 했다. 그리고 "이제 나에게는 아무 희망이 없다. 어린 가슴에 오래 두고 그리고 그리던 꿈도 그 사건으로 하여 아주 깨져 버리고 말았고, 나에는 남은 것이 오직 신경쇠약에 걸린 텅텅 빈 몸뚱이 하나 있을 뿐"이었다. 방랑은 신경쇠약과 함께 연동되었다.

압록강을 건너 조선을 떠나면서 "아아 조선아! 조선에 있는 모든 사람아, 모든 물건아, 하나도 남지 않고 죄다 내 기억에서 스러지어

버려라!"라고 소회를 밝혔다. 모든 것을 잊어버리고 싶었다. 이광수는 거듭 "조선과 외면한 고개를 영원히 돌리지 아니할 것이다. 불신한 사람을 낳고 기른 조선을 향하여 나는 결코 고개를 돌리지 아니할 것"이라고 했다.[5]

교포와의 만남

방랑은 정치적 의도가 내재된 망명은 아니지만 가는 곳마다 교포와 만났다. 『나의 고백』에서도 자신의 행동이 "망명이 아니라 소망한 민족의 나라를 돌아보려는 것이 목적"이라고 밝혔다. 이광수는 1914년 1월 스물네 살에 샌프란시스코에서 발행하는 『신한민보新韓民報』의 주필로 가기 위해 떠났다가 블라디보스토크를 거치며 그 과정을 「해삼위로서」라는 기행문으로 남겼다. 일본이 아닌 또 다른 외국인 서양과의 본격적인 만남이었다.

준비 과정에서 "새로 지은 양복에 새로 산 구두를 신고 나서니 저도 제법 서양식 신사가 되는" 듯해서 마음이 흐뭇했다고 한다. 하지만 일본 유학을 했던 그도 '진짜 서양인'을 만나자 위축되었다. 그때 "제 신세가 초라하여 혹 영문신문이나 보면 인물이 좀 도로 설까 하는 가련한 생각"이 들었다. 그래서 중국 상해에서 발행된 영어신문으로 가장 유명한 『차이나 프레스China Press』 한 부를 구입했다. 그리고 "광고 그림만 뒤적뒤적하다가 외투 호주머니에 반쯤 밖으로 나오게 집어넣어

몸치레를 삼았다"라고 한다. 그리고 서양인과 대비하여 "구석에 쭈그리고 앉은 얼굴에 핏기 없는 우리 일행의 신세를 보매 미상불 처량한 심리를 비길 곳이 없어" 저절로 고개를 돌렸다고 한다.

『나의 고백』에서도 러시아 교포들의 가난을 강조했다. 또한 "공통된 것이 있다고 하면 서로 미워하는 것"이라고 했다. '분열'이 안타까웠다. 독립운동에 관해서도 그러했다. 러시아 연해주 지역의 민족운동 단체가 국민회와 권업회勸業會로 갈리자, "하나로 있었으면 온전했을 것을 둘로 갈리기 때문에 힘이 갈리고, 갈릴뿐더러 싸움이 생겨서 둘이 다 망하는 것"이라고 예단했다. 교민 사회의 분열을 비판적으로 보았다.

이광수의 연해주 경험은 민족 공동체 내부의 지역적 분열에 관한 비판으로 연결되었다. 『나의 고백』에서 "손바닥만 한 조선에서 기호는 무엇이고 서북은 무엇인고? 나는 이 사람들을 다 저주하고 싶었다. 내가 조선 사람이 된 것까지 저주하고 싶었다. 그러나 그 후에도 근 삼십 년이나 지난 오늘까지도 아직도 이 구석 저 구석에서 그런 어리석은 싸움을 하는 것을 보면, 조선 사람은 아마도 매를 더 맞아야 되겠다는 울분까지도 일어난다"라고 했다. 저주, 울분 등이 이광수가 민족을 바라보는 심정이었다.

한편 홍명희는 괴산에서 부친의 삼년상을 치르고 암중모색의 기간을 거친 뒤에 1912년 가을 초 해외로 '방랑'에 나섰다. 아들 홍기문의 회고에 따르면 홍명희의 방랑은 "할아버지의 최후로 말미암아서 가정에나 사회에나 마음을 붙이시지 못하고 외국으로 나가"[6]면서 시작되었다. 홍명희와 이광수가 방랑을 택한 것처럼 식민지 지식인에게 방랑은 하나의 통과의례였다.

상해 생활

방랑 중에 이광수와 홍명희는 중국 상해에서 만났다. 1914년 1월 이광수는 처음에는 미국으로 가기를 희망했다. 샌프란시스코에서 발행하는 『신한민보』의 주필이 되고자 길을 나서면서 중국의 안동과 봉천을 경유하여 아시아 대륙을 횡단할 계획이었다. 그러나 안동에서 정인보를 만나면서 상해로 노선을 바꾸었다.

표면상으로 상해는 화려하고 선진 문명을 유감없이 보여주었다.[7] 『나의 고백』에서 이광수는 "집도 서양, 사람들도 서양인 것을 보고 매우 놀랐다"라고 상해의 첫 인상을 밝혔다. 심지어 상해는 적막한 식민지 조선과 대비되어 소리부터 달랐다. 「상해上海서」(1915)에서 밝혔듯이 불안감과 함께 처음 접한 상해는 문명적인 소리가 인상적이었다. 그 소리는 전차, 자동차, 분주한 사람, 전화기, 주판 소리, 타자기 소리 등으로 표현되는 '분주한 세상'의 모습이었다.[8]

또한 상해는 외국이란 긴장감을 주었다. 이광수는 「상해서」에서 "나도 처음 오는 길이라 이상하게 신경이 흥분하여 몸이 들먹들먹하오며 한껏 망망茫茫한 앞길을 생각하니까 길게 한숨이 나"오더라고 했다.[9]

국제도시인 상해에서 이광수는 중국을 서양과 대비시켰다. 「그의 자서전」에서 "서양 사람은 다 자신도 있고 위신도 있어서 어울려 보이지마는 동양 사람들은 모두 빛이 없었다"라고 했다. 이광수는 조선인이면서 동시에 동양인이 되었다. 같은 글에서 "서양 사람들은 비록 조용조용이라도 서로 마음 턱 놓고 이야기도 하고 웃기도 하지마는, 동양 사람들은 고개도 들지 못하고 도무지 마음을 펴지 못하는 것이 불쾌"했었다. 불쾌감은 분개로 이어지고 심지어 "발악이라도 하고 싶은 충동"을 느낀 것이다.

이광수는 식민지 조선인으로 서양을 바라보았다. 그는 서양인의 짐을 들어주는 것으로 벌이를 하는 중국인의 모습에서 제국주의를 보았다. 중국인이 동포가 된 것이다. 중국 상해에서 '문명의 주인이 누구인가'라고 반문하며 제국과 식민지의 관계를 구조적으로 이해하기 시작했다.

「상해서」에서 중국과 서양의 관계에 관해 "주인 되는 늙은 중국인이 눈을 한 번 뜰 만할 때에는 벌써 그네의 세간과 이불과 베개와 식량은 거의 다 간 곳이 없어졌나이다. 중국 중에 가장 비옥한 양자강 유역의 부富는 대부분 런던과 뉴욕과 파리의 금고에 넣은 바" 되었다고 보았다. 주인이 주인 노릇을 하지 못하게 된 것이다. 심지어 "중국 땅이면서 중국의 주권이 못 미치는" 상해에서는 아편 등으로 중국인의 정신을 "마취하고 파괴"했다고[10] 인식했다.

비슷한 처지의 중국은 조선을 되돌아보는 거울과 같은 존재였다. 늙은 대국이란 의미의 노대국老大國은 신대한新大韓을 대비할 때 중국을 표현하는 용어였다. 나아가 당대 중국의 모습에서 조선의 과거를 발견했다. 이광수는 「그의 자서전」에서 "중국을 조국으로 알던 우리 조선인들이 언제나 원망스러운 것은 말할 것도 없거니와 이렇게 더러운 나라, 이렇게 더럽고 못난 백성에게 소국인을 바치던 역사의 여러 가지 기억이 머릿속에 일어나서 심히 불쾌"하다고 적었다. 심지어 중국 문화를 높이 하고 자신을 '소중화小中華라고 자처하며 기뻐하던 조상들이 미웠다고 한다.

상해 프랑스조계 애문의로愛文義路에 있는 깨끗한 이층집에서 밥하는 중국인을 두고서 홍명희, 조소앙, 문일평, 정인보는 한집에서 살고 있었다. 이광수는 이들과 함께했다. 『나의 고백』에서 이들을 "모두 나라를 잃은 허전한 마음이 부접할 바를 몰라서 허둥지둥 허무향虛無鄉에 헤매고 있는" 것으로 보았다. 심지어 각자 고국에서 가져온 여비가 떨어지자 생활은 점점 더 어려워졌다.

이광수의 「그의 자서전」에서 이들은 망명객인지라 가명으로 등장한다. 이미 일본과 국내에서 안면이 있었던 사이인지라 "K의 기름하고 벗겨진 얼굴하며, S의 심술 사나운 듯한 눈이며, M의 싱글거리며 기웃거리는 고개며 다 반갑게 만났다"라고 표현했다. 이 글에서 K는 가인 홍명희, S는 소앙 조용운, M은 민세 안재홍, H는 호암 문일평, T는 단재 신채호다.

근대인으로 성장

가난해진 조선인 방랑객, 망명객에게 상해 생활은 고난의 연속이었다. 이들은 모자 둘을 가지고 번갈아 쓰고 나가며 외투와 겨울옷이 없어서 집에서 얼마 떨어지지 않은 불란서공원까지밖에 출입을 못 했다. 이광수는 이러한 사정을 알았다면 오지 않았을 것이라고 후회한다고 하면서도 "다들 친한 친구들이기 때문에 그러한 걱정도 잊어버리고 유쾌하게 지낼 수가 있었다"라고 했다.

상해에 머물 때를 이광수는 「그의 자서전」에서 "낮에는 성인 S는 마호메트교를 연구하느라고 코란을 읽고 앉았고 K는 오스카 와일드의 『도리안 그레이』를 탐독하고 있었다"라고 전했다. 홍명희의 독서 습관에 관해 "나는 K에게 바이런 소개를 받아서 혼이 난 일이 있기 때문에 이 『도리안 그레이』는 아니 읽으려 했으나 K는 부득부득 읽으라고 했다"라고 밝혔다.

홍명희와 이광수는 한 침대에서 한 이불을 덮고 생활했다. 침대와 이불을 준비할 여유가 없어 "종려棕櫚 노로 얽은 것 위에다가 일단 돗자리 하나를 깔았으며, 무거운 궁둥이를 맞대고 낯을 반대 방향으로 향해"[11] 잤다고 한다.

이광수는 이때 접한 홍명희의 '관조론觀照論'에 깊은 인상을 받았다. 「그의 자서전」에서 홍명희의 삶의 태도를 그는 "일생을 관조하는 태도로 살아간다는 것인데, 아마 자기는 일생 갈등의 와중에 들어가지 아니하고 한층 높은 자리에 머물러서 인생을 내려다보고 살자는 뜻이 아닌가 한다"라고 이해했다. 나아가 "무엇이나 다 알아두지마는 내가 몸소 하지는 않는다. 그것을 해서 무엇해 하는 모양이다. 아마 은사라든가 처사의 심경일지는 모른다"라고 평가했다. 홍명희의 모습을 숨어사는 은사隱士로 본 것이다.

하지만 1910년대 중반에 홍명희는 처사와 같은 삶을 살지 않았다. 그는 1914년 11월 상해를 벗어나 싱가포르 등 동남아시아 지역으로 떠났다. 「홍벽초·현기당 대담」에 따르면, 상해에서 이곳으로 갈 때 가인이란 호를 버렸다.[12] 그가 이 지역으로 간 것은 "재원이 풍부한 동남아시아에서 조선의 독립운동을 위한 재정적 기반을 마련할 수 있을지 답사해보려는 의도"였다고[13] 한다.

1917년 12월 홍명희는 3년 동안의 동남아시아 생활을 청산하고 중국에 돌아왔고, 북경에 가서 신채호를 만났다. 이 만남에 관해 홍명희는 "내가 단재와 사귄 시일이 짧으나 사귄 정의情誼는 깊어서 나의 50반생에 심중으로 경앙景仰하는 친구가 단재였습니다"라고 밝혔다.[14] 경앙은 어떤 사람의 덕이나 인품을 사모하고 우러른다는 의미다. 같은 해 8월 귀국할 때 오이켄, 베르그송의 저서와 타고르의 시집, 페스탈로지의 책 그리고 니체의 『자라투스트라』도 가지고 왔다. 사회주의 관련 원서를 얻어다가 읽고 가와카미 하지메河上肇와 야마카와 히토시山川均 등의 책을 사서 읽었다.[15] 가와카미와 야마카와는 일본 사회주의 이론가들이다.

서울과 동경, 상해, 싱가포르 등에서 7년에 걸쳐 방랑 생활을 한 홍명희를 "사상과 생활의 양면에서 진정한 근대인으로 성숙"하는 계기가 되었다고 평가하기도 한다.[16] 이광수도 중국 상해에서, 최남선도 국내에서 홍명희와 비슷한 경험을 했다. 이제 동경삼재가 귀국한 뒤에 서울이란 공간에서 했던 활동을 보자.

문명에 대한 압도
식민지인의 삶

1917년 이광수는 폐결핵에 걸렸다. 지금도 위험한 병이지만 당시에는 생명을 위협받는 중병이었다. 최남선은 1918년 4월 발행된 잡지 『청춘』에 아픈 이광수를 염려하는 「병우病友 생각」을 실었다. '병우'는 병이 든 벗이란 의미다.

이 글에서 이광수가 병이 든 이유를 최남선은 "지난 동안 이광수의 생애는 표랑漂浪적이며 감상적이며 섭생攝生적이지 않은지라. 정신 신상에 다소 고뇌를 지내는 족족 그의 육체상에도 힘이 생기지 아니치 못했도다. 뜨거운 머리와 찬 손으로 북으로 시베리아의 들에 헤매며 남으로 양자강의 언덕에 구를 때에 부평초 같은 신세가 가는 곳마다 원하는 바를 얻지 못하고 끓는 피 더운 눈물이 잠시도 그에게 떠나지 아니했나니. 건강의 기분을 이 중에 잃어버리지 아니했을까"라고 생각했다.

나아가 이광수를 '시인'이며 '정열가'로 규정했다. 그리고 "탁월한 능력"이 있어 "남이 느끼지 못하는 것에 깨치는 것이 얼마며 그리하여 남이 원통해하고 슬퍼하고 근심하고 울지 아니하는 바에 혼자 원통해하고 슬퍼하고 근심하고 우는" 그에게서 섬세하고 예민한 감정을 보았다. 그리고 "건강한 그의 체질과 신중한 그의 섭생이 응당 하루바삐 약 없이 견딜 지경으로 그를 끌어낼 줄을 믿고 또 믿는다"라고 당부했다.

「병우 생각」은 최남선이 폐결핵에 걸린 이광수를 걱정하며 쓴 글이다. 이광수에 대해 기대가 컸던 최남선은 병난 이광수를 거듭 생각하고 "걱정하는 정이 봄비 방울보다 더 많도다"라고 했다. 이광수는 1917년 9월 『학지광』 편집위원을 지냈고, 1918년 4월 폐결핵을 치료받았다.

제2차 일본 유학 시절

유학생에게 일본 생활은 정신적으로도 육체적으로도 힘들었다. 이광수가 1918년 3월 『청춘』에 발표한 「방황」에서 그의 2차 유학 시절 동안 눈에 비친 동경과 당시 재일 유학생의 상황을 알 수 있다. 이광수는 감기로 3일 동안 누워 지냈고 학교에 가지 못했다. 유학생 기숙사에 혼자 누워 여러 감상에 빠졌다.

가장 먼저 든 생각은 지난 시절에 관한 기억일 것이다. 이광수는 자신은 조선 사람의 행복을 위해 "지나간 6년간에 보리밥 된장찌개로 매일 6, 7시간씩이나 조선 사람의 청년을 가르치노라 했고 틈틈이 되지도 않는 글도 지어 신문이나 잡지에 내기도 했다"라고 회고했다. 그 이유는 무슨 이득이나 보상을 받으려는 것이 아니라 "오직 행여나 이리하는 것이 불쌍한 조선인에게 무슨 이익을 줄까 하는 충정"으로 그러했다고 한다. 나아가 적막, 고독, 죽음 등을 생각하다가 다시금 용기를 찾았다.

> 과연 나는 조선 사람이다. 조선 사람은 가르치는 자와 인도하는 자를 요구한다. 과연 조선 사람은 불쌍하다. 나도 조선 사람을 위하여 여러 번 눈물을 흘렸고 조선 사람을 위하여 이 조그마한 몸을 바치리라 결심하고 기도하기도 여러 번 했다.
>
> • 이광수, 「방황」에서

이 글은 그가 와세다대학에 다니던 1917년 1월 17일에 쓴 것이다. 병으로 고생하던 시절의 이야기다. 일본의 겨울은 조선과 매우 달랐다. 동경은 특히 바다를 끼고 있어 여름엔 습도가 높고 겨울바람은 매서웠다. 비록 학교 근처의 조선인이 모여 사는 곳에 숙소가 있었지만 아픈 그에게는 "나는 혼자다"라는 정서가 앞섰다.

「방황」에서 언급했듯이 유학 시절 이광수가 머물던 공동 숙소는 5촉 전구로 불을 밝혔다. 촉은 전구의 밝기를 나타내는 단위로 와트

watt와 같다. 오늘날 주로 사용하는 백열등은 30와트, 100와트다. 지금에 비하면 한참 어두운 방 안에 몸이 아파 누워 지내며 이광수는 무슨 생각을 했을까?

1910년대 후반은 일본에 의해 '병합'된 지 10년이 채 안 된 시점이다. 문인 김동인은 당시를 "그날의 원통함과 분노가 국민에게 생생하게 남아 있던 시절"이라고 했다. 그리고 일본 유학생들은 스스로 '선각자' 혹은 '지도자'로 자임하면서 "마음에는 애국지사적 기분이 맹렬하게 불타고 있었으며 '한국의 독립은 우리의 손으로'라는 포부가 유학생들의 마음에는 깊이 새겨져 있던 시절"[1]이었다.

상해와 연해주 지역에서 활동하던 이광수는 1915년 일본으로 가서 와세다대학 고등예과高等豫科에 편입했고, 1916년 9월 같은 대학 대학부 문학과 철학과에 입학했다. 이광수의 두 번째 일본 유학이다. 이광수는 당시의 결정을 한마디로 요약해서 말하면 '사상적 고민 생활, 방랑 생활'이라고 표현했다.

나는 두 번째 동경 생활은 일언이폐지一言以蔽之하면 사상적 고민 생활이요, 방황 생활이었다. 나는 중학교 시대에서부터 지켜오던 예수의 가르침에 대한 신앙을 잃어 버렸다. 그것이 싫어서 내버린 것이 아니라, 아니 버리리라, 아니 떠나리라 하고 애를 쓰면서도 점점 멀어간 것이다.

• 이광수, 「그의 자서전」에서

당시의 사상적 고민은 그가 중학교 시절부터 믿었던 기독교 신앙에서 벗어나는 것이었다. 그렇다면 사상적 방랑은 어디서 무엇을 통해 이루어졌을까? 철학을 전공하면서 이광수는 「그의 자서전」에서 사회학, 정치학, 경제학에 흥미를 느꼈으며 "다윈의 진화론이 마땅히 성경을 대신할 것"이라고 생각했다. 그리고 정치를 힘의 관계로 설명하는 마키아벨리의 정치론에 "마음이 푹푹 들어갔다"라고 밝혔다.

새로운 독서 목록

철학 공부를 택한 이후 다양한 책들을 읽었다. 이광수는 청년들에게 독서의 중요성을 강조하고, 『매일신보』에 기고한 「동경잡신東京雜信」(1916. 11)에서 당대 조선 청년에게 서양사, 세계 지리, 진화론, 경제학, 중국 및 서양 철학사, 일본 근대사, 도쿠토미 소호德富蘇峰(1863~1957)의 문장 선집 등 일곱 개의 주제와 관련된 책을 소개하고 간략하게 도서 선정 방법을 적었다.

이광수가 추천한 책의 내용을 검토해보자. 우선 『서양사 강화』는 동경제국대학 교수의 저서로 1910년에 출판되었다. 이 책은 서구 문명의 발생부터 당대까지를 서술했으며 "국민의 사상을 단련해서 그 식견을 높이고자" 한 의도에서 집필되었다.[2] 그리고 진화론에 관한 『진화론 강화』는 1904년 출판된 동경고등사범학교 교수의 저서다. 이 책에서는 진화론을 "19세기 가운데 인간의 사상에 가장 위대한 변화를 야기한 학문상의 원리"라고 정의했고,[3] 인간 사회의 진보·개량과 사회 발달을 유익하게 하기 위해 저술했다고 밝혔다.

이광수의 추천 도서 목록 가운데 주목되는 것은 일본 근대사에 관한 책들이다. 우선 『개국오천년사』는 오쿠마 시게노부大隈重信(1838∼1922)가 서론과 결론을 쓰고 여러 필자가 참여해서 일본의 역사, 사회, 정치, 문화를 정리한 책이다. 본문 분량이 1,369쪽에 이를 정도로 방대하며 1909년에 발간되었다. 오쿠마 시게노부는 일본의 정치가이자 교육자로 내각총리대신을 지냈고 와세다대학의 전신인 동경전문학교를 설립했다.

아울러 1915년 출판된 『소봉문선蘇峰文選』은 일본 언론인 도쿠토미 소호가 신문과 잡지에 실었던 글을 모은 책이다. 그는 서양의 정치론에 입각해서 일본의 근대화를 이루어야 하며 나아가 일본이 제국주의 국가로 나아가야 한다고 주장했다. 이렇듯 이광수는 진화론, 세계사와 같은 근대 지식과 함께 일본의 근대를 형성하는 과정에서의 논의를 조선 청년에게 전달하고자 했다.

실력에 대한 강조

한말에 이어 계몽의 차원에서 자강自強이 강조되었다. 진화론이 성경을 대체하고 사회진화론이 진리로 여겨졌다. 「그의 자서전」에서 이광수는 "힘이 옳음이다. 힘 센 자만 살 권리가 있다. 힘 센 자의 하는 일이 다 옳다!"라고 자신의 도덕관을 주장했다. 즉 그는 강자 혹은 승자가 진리이고 정답이라고 생각했다.

이러한 인식은 식민 지배를 받는 한민족은 약자거나 패자라는 부정적인 인식으로 연결되었다. 연장선에서 약자는 곧 노예라고 주장했다. 이광수는 약소민족으로 인도인, 아일랜드인, 폴란드인 등을 언급했다. 그리고 식민지 조선인인 자신을 포함해서 이들은 비웃음과 저주를 받는 것이 당연하다고 했다. 나아가 "자유, 그것은 오직 강자만이 가지는 것이다. 자유는 강자의 특권이다. 약자에게는 오직 복종과 능욕이 있을 뿐이니 약자가 자유를 운운하는 것은 실로 건방진 소리다"라고 밝혔다.

이광수는 2차 유학 당시 잠시 귀국한 적이 있었다. 우리 민족이 강해져야 하는 것이 급선무라고 생각했다. 고국에 돌아오는 길을 서술했던 「동경에서 경성까지」(1917. 7)에서 "우리가 사철 옷을 지어 입는 서양목西洋木, 옥양목玉洋木 등 피륙을 짜내는 후지富士방적회사의 굉장한 공장이 보인다. 어서 한강 가에도 이러한 것이 섰으면 좋겠다"[4]라고 희망했다. 즉 선진 문명화된 일본에서 배우고 경험한 것을 조선 사회에서 이루겠다고 다짐했던 것이다.

또한 같은 글에서 "우리는 그렇게 제 한 몸의 안락만 위할 때가 아니다"라고 마음을 다졌다. 기대와 마음다짐에도 불구하고 번성하고 화려한 근대가 구현된 일본과 동경에 있다가 귀국하는 유학생에게는 조선의 인상이 '벌거벗은 산'으로 대표되는 초라한 모습이었다.

제국 일본과 식민지 조선 사이를 오가는 여행은 일본의 문명에 압도되는 경향이 높았다. 귀국하는 길에 본 조선의 비참함에서 민족의 실체가 재발견되는 것이다. 조선은 일본과 비교되어 "계모의 손에 자라나는 계집애"처럼 근대 문명과 문화의 세례를 받지 못한 모습이었다.

하지만 가뭄에 비가 내릴 것이란 감상에서 드러나듯이 이광수는 조선이 발전할 것이란 희망을 함께 피력했다. 그는 같은 글에서 "바빠할 것 없다. 천천히, 천천히 굉장하고 영원한 것을 그려다오"라고 다짐했다. 소설『무정』을 보면 일본 유학을 결심한 주인공들이 동포를 위해 단결하자고 강조한 대목이 나온다. 이들의 목소리를 통해 이광수는 희망의 전망을 보여주고 싶었던 것이다.

이러한 재일 유학생에 대한 제국 일본인의 인식은 비판적이었다. 이에 관해 이광수는 1917년 5월『매일신보』에 기고한「오도답파여행」에서 일본인들은 동경 유학생이 "소위 위험사상을 가졌다는 의심"을 하지만, 자신들은 정치에 무관심하며 "7, 8년 전부터 격렬해오던 사상은 지금 거의 종적을 감추었다"라고 표명했다. 나아가 자신들은 '온건하며' 산업 발달, 교육 보급, 사회 개량 등을 통해 어떻게 하면 "조선을 알게 하고 부富하게 할까 하는 것"이 자신들의 이상이라고 밝혔다.

이광수는 일본 유학생의 온건함을 강조하고 일본의 식민 지배 아래 행정관, 경찰관의 도움을 요청했다. 그렇다면 이 시기에 식민 지배를 인정한 일제 협력자와 입장의 차이가 있는 것인가?[5] '친일파'와 달리 이광수는 일본의 문명에 감탄했지만 압도되지는 않았다. 고민과 모색의 단위가 여전히 조선인이었다. 식민지가 된 지 10년이 안 된 상황에서 조선의 미래를 낙관적으로 보았다.

「오도답파여행」에서 이광수는 "조선 고대의 미술을 상세히 연구하여 그 특색과 정수를 알아서, 신기술로 이를 표현하면 세계를 도취하게 할 미술 공예를 이룰 수 없을까. 그리 되면 다만 우리의 부력을 증진할 뿐 아니라, 실로 세계에 대하여 조선인의 기염을 크게 토하는 것일 것이다"라고 기대했다. 그는 조선의 과거가 아닌 현재와 미래를 긍정적으로 서술했다. 이광수와 마찬가지로, 1910년대 외국을 방랑하던 홍명희와 국내에서 출판 활동을 하던 최남선도 조선 민족의 발전 가능성에 믿음을 가졌다.

민 족 의 기 대

1910년대 신문화운동 참여

이전부터 문학작품을 발표해서 유학생 사회에서 유명하기도 했지만 이광수는 1910년대 조선 문단계의 대표 주자가 되었다. 그가 이러한 위치에 이른 것은 우리 문학계에서 최초의 근대소설로 일컬어진 『무정』(1917) 덕이었다. 누구나 알기 쉬운 문장으로 신사상과 신연애新戀愛를 소개한 『무정』은 단숨에 조선 독자들을 사로잡았다. 주요한은 1918년 8월 7일 자 『매일신보』에서 『무정』을 읽고 다음과 같은 소감을 밝혔다.

나는 이것이 우리 문단의 제일성이라는 점에 적지 않은 흥미와 기대를 가지고 숨 쉴 틈 없이 다섯 시간을 새겨 이것을 독파하였다. 이 작품은 확실히 나를 기쁘게 하였다. 내가 이 귀중한 노력에 대하여 이렇다 저렇다 비평을 한다는 것이 너무 외람된 줄을 아나 다만 저자에

1917년 1월 1일 자 『매일신보』에 실린 소설 「무정」의 첫 회.

대한 감사를 표하기 위하여 기자의 생각대로 잠깐 붓을 들고자 한다.

이광수는 스스로 『무정』을 평가하길 "그 시대의 조선 청년의 이상과 고민을 그리고 아울러 조선 청년의 진로에 한 암시를 주자는 것이었다. 이를테면 일종의 민족주의·자유주의의 이데올로기를 가지고 쓴 것이다"[1]라고 밝혔다. 그는 『무정』을 문화운동의 수단으로 생각했다.

그런데 이광수는 소설 『무정』을 비롯하여 논설문을 총독부 기관지 『매일신보』에 게재했고, 그 원고료로 유학 생활에 필요한 자금을 충당함으로써 경제적인 문제를 해결했다. 그렇다면 그는 『매일신보』에 글을 싣는 것에 대한 정치적 의미를 어떻게 인식했을까?

『매일신보』에 글쓰기

가명을 사용했지만 『매일신보』에 글을 쓰는 것은 변명의 여지가 없는 잘못된 행동이었다. 이광수는 「그의 자서전」에서 『매일신보』에 가명으로 글을 썼지만 사람들이 이를 알았다면 자신이 봉변을 당했을 것이라고 밝혔다. 그 이유에 관해 『매일신보』는 "(일본) 정부의 기관지이기 때문에 당시 해외에 있는 조선 사람들은 신문에 글을 쓴다는 것은 곧 총독부에 돌아가 붙은 것으로 알았기 때문이다"라고 했다. 즉 『매일신보』에 글을 쓰는 것이 지니는 정치적 의미를 알고 있었다.

심지어 일제 권력으로부터 지원을 받고 쓴 글도 있었다. 이광수는 『매일신보』에 다섯 개의 도를 다닌 후에 「오도답파여행」을 연재했다. 병합된 지 7년이 된 시점에 그가 충남, 경상, 전라도 등지에서 느낀 감정과 정서는 무엇이었을까? 우선 일본 제국주의에 의해 주도된 문명화에 압도되었다. 군산, 전주, 대구 등 도시의 발전이 먼저 눈에 들어오는 기행이었다. 아래의 내용은 「오도답파여행」에서 인용했다.

1910년대 중후반 일제의 식민 지배와 관련해서 이광수는 우선 일제의 통치, 특히 근대적 시설의 확충 작업을 각 지역에서 확인하고 긍정적으로 평가했다. "도로도 좋기도 좋다. 이렇게 좋은 것을 왜 이전에는 수축할 줄을 몰랐던고"라고 아쉬워했다.

전주에 상업학교가 설립되는 것에 관해서는 "공업지 될 만한 데는 공업학교를, 상업지 될 만한 데는 상업학교를 설립한 당국의 주도면밀한 생각에 감사를 표한다"라고 했다. 그리고 상업학교 등 산업적 기반이 형성되는 것에 관해 "날마다 아름다워져가고 부유해야 할 길 열려가는 반도의 앞길을 축복"한다고 했다.

대구에 가서는 10여 년 사이에 현저하게 발달했다고 경탄했다. 그리고 전북 유일의 개항장인 군산은 "시가지의 질서정연함과 가옥이 잘 정비되어 있음을 보니 매우 아름다운 모습"이라고 표현했다. 이렇듯 이광수는 조선의 남부 지역을 다니면서 식민 지배로 인한 조선인의 피해보다는 일제 당국의 '노력'과 변화상에 주목했다.

심지어 식민지가 된 이후에도 이광수는 "일찍 구몽舊夢을 깨고 실생활 중심의 신교육을 채택함은 동양에 있어서는 일본이니 이래 50여 년에 실로 놀랄 만할 대변천, 대진보, 대활약을 이룩하여 금일 세계 문명 강국의 하나가 되도다"[2]라고 일본을 평가했다. 식민지가 된 상황 아래 일본에 관한 그의 긍정적인 인식을 어떻게 이해해야 할까?

문명 프로젝트의 지속

　1910년대에도 문명 프로젝트는 지속되었다. 문명론을 강조한 「신생활론」에서 이광수가 가장 격렬하게 주장한 것은 "한족을 숭배하는 유림의 노예근성 타파와 조상 중심, 가문 중심인 사상과 도덕의 타파"였다. 이 글에서 이광수는 조선의 유교를 "조선 사람의 혼을 죽인 것은 유교"라고 극언하고, "안순암安順庵, 정포은鄭圃隱 이하의 조선을 유교화하기에 힘쓴 선현들을 막 공격했고, 『삼국사기』를 쓴 김부식金富軾과 만동묘를 세운 송우암宋尤庵을 민족의 적"이라고 강력하게 비판했다. 김부식, 정몽주, 송시열, 안정복 등을 한꺼번에 비난한 것이다.

　그렇다면 새로운 생활은 무엇일까? 이광수는 "내가 근대 우리 조선 민족의 잘못된 인생관을 받은 것이라고 생각한다. 나 개인의 생활뿐이 아니라, 내가 가장 관심을 가진 조선 민족의 현재와 장래도 천운이니 대세니 하는 것으로 좌우되는 것이 아니라, 결국 조선인 자신의 총명한 판단과 정성 있는 노력 여하로 되는 것"이라고 「그의 자서전」에서 밝혔다.

　과거에 관한 비판은 당대의 비판으로 연결되었다. 이광수는 "민족의 역사라든지 어학은 할 줄 모르면서 이름 없는 조상의 무덤을 꾸미고 족보를 간행하는 것을 타파하고, 마땅히 자녀를 중심으로 하여 부모는 자녀를 위한 거름이 되고 희생이 되어야" 한다고 보았다. 그리고 전통과 근대가 충돌하는 쟁점인 청춘들의 결혼 문제에 관해서도 "혼인은 신랑과 신부의 일이요, 결코 두 집의 문제나 두 부모의 문제가 아니라 하여" 연애 자유론을 주장했다.

이를 통해 이광수는 새로운 세상을 꿈꾸었다. 「그의 자서전」에서 "내 손으로 조선의 산과 들을 울창한 산림과 기름진 오곡과 아름다운 꽃으로 꾸미고, 조선의 사람으로 하여금 세계에 가장 힘 있고 영광 있는 백성을 만들고야 말 것"을 맹세했다. 같은 글에서 "나는 신문에 오십여 일에 걸쳐 조선의 모든 낡은 것에 대하여 선전포고를 하고 내 힘을 다하여 공격했다"라고 밝혔다. 전통적 요소를 비판하자 사회적으로 큰 논란에 휩싸이게 되었다. 글이 법률적으로나 사회적으로 문제가 되어 제재를 받는 것을 필화筆禍라고 한다. 이 글에서 언급된 「신생활론」은 평생 그를 좇아다닌 필화의 시작이었다.

이광수는 계몽과 문명을 염두에 두고 소설 『무정』을 집필했다. 그는 『무정』 외에도 「문학이란 무엇인가」 등 문학평론과 「대구에서」, 「농촌 계발」, 「조선 가정의 개혁」 등 사회 계몽에 관한 글쓰기를 지속했다. 이러한 1910년대 이광수의 글은 조선인의 미래에 관해 비관과 낙관을 동시에 지닌 것으로 보인다.

한말 시기와 마찬가지로 그에게 조선의 외형은 '발가벗은 산'으로 대표되는 비관적인 모습이었다. 일본의 근대, 도시의 근대를 확인했던 이광수에서 조선은 여전히 "발가벗은 산, 바짝 마른 개천, 쓰러져 가는 오막살이"이며 이를 보면 "그만 비관이 생긴다"라고 했다. 그에게 조선은 아직도 가야 할 길이 먼 나라였다.

무엇 때문인가? 이광수는 조선 시대의 정치 탓이라고 했다. 공주에 가서는 "시가지는 천여 호에 불과한 작은 도시다. 그리고 가옥은 기와집이 드문데 이는 오백년의 폭정 때문이었다"라고 했다. 그리고 조상 탓이라고 했다. 조치원에서 공주 사이에 보이는 산은 모두 '빨간 산'인데 "저 산에도 원래는 삼림이 있었으련마는 지각없는 우리 조상들이 송충이와 더불어 말끔 뜯어먹고 말았다"라고 했다.

조상 가운데 특히 양반 탓이라고 했다. 이광수는 "양반 유생이라 하면 완고하기로 정해 있다. 병합 이래로 그들은 완연히 신정新政을 이해하지 못하고 두문불출한 사람으로 자임하여 자제들에게 신교육 주기를 인정하지 않고 있다"라고 비판했다. 나아가 그는 "직업인이야말로 오늘의 양반이다"라고 해서 구세대와의 단절을 주장했다.

주민, 동포, 민족 탓도 했다. 조선이 불모지가 된 것을 주민의 책임이라고 하면서 "잘못을 자각했거든 즉시 회개하여야 할 것"이라고 강조했다. 그 이유는 동포가 배우지 못해서 그런 것이어서 지금과 같은 상황이 계속되면 "지금같이 어리석은 동포에게는 금수강산도 무용지물"이며, 문물이 계속 발달할수록 "조선 사람이 더욱 가난하게 됨은 실로 문명의 이기를 이용할 능력이 없음에서다"라고 하면서 계몽과 교육을 역설했다.

교육 보급과 사회 개량

어디서 누구로부터 시작해야 하는가? 자본이 요구되었다. 하지만 조선의 현실은 모든 공동체 구성원에게 기금을 구하기 어려운 상황이었다. 기부 문화가 이루어지지 않은 것을 "무슨 회會라든지 기타 공익사업에 내는 금전은 아주 버리는 줄로 생각하고, 가급적 회피하려 함이 우리의 현상"이라고 진단했다.

이광수는 재산가에게 눈을 돌렸다. 노동자의 배움을 위해 재산가들이 야학을 설립해야 한다고 제안했다. 지주의 입장에서는 소작인을 배려해야 한다고 했다. 「오도답파여행」에서 "나는 수만, 수십만의 가련한 소작인을 대하여 대지주에게 큰 목소리로 호소할 수밖에 없다"라고 하면서 "다수의 부호들이여, 원컨대 구미 자선가들을 모방하라"고 해서 카네기와 록펠러와 같은 부호를 닮아 동포를 돕자고 요청했다.

> 재산가들이 재산을 유통하지 아니하고 금궤 중에 쌓아둠은 다만 수전노뿐 아니라, 사회의 공적이요 적이다. 재산을 활용하면 자타를 이롭게 할 것이거늘, 그것을 감추어둠은 사회의 혈액을 절취함이다. 전남의 재산가들이 한번 각성하여 이러한 대사업을 경영하여 한편 사회의 문명에 공헌하여 일변 다수한 동포에게 살길을 줌이 어떠한가.
>
> • 이광수, 「오도답파여행」에서

도움의 방법은 무엇인가? 우선 교육이었다. "인류의 최대 행복인 교육의 행복을 받게" 해야 한다고 강조했다. 둘째, 부의 증진이었다. 미래에 관한 희망찬 기대가 포함되어 있지만 전라북도에 가서 "만일 수리水利가 정리되면 농민의 생활이 안정될뿐더러 넉넉히 3할 이상의 증가된 세수를 얻을 수 있다"라고 했다. 그리고 "우리는 반도의 산을 모두 울창한 삼림으로 덮어야 한다. 모든 산에 삼림만 무성하게 되어도 우리의 부富는 현재의 몇 갑절이 될 것"이라고 천명했다. 셋째, 생활의 개선이었다. 이광수는 "관혼상제의 예의, 습관의 개혁의 긴급함"을 이루기 위해 민풍民風을 개선하는 것이 필요하며, 이를 "행정관, 경찰관, 또는 각 지방 유력자"가 해야 한다고 했다.

나아가 자신을 포함한 유학생 지식인들이 "붓으로 입으로 필생의 정력을 다하려고 하는 것은 결국 다른 것에 있지 않다. 산업 발달, 교육 보급, 사회 개량 등이다"라고 밝혔다. 이광수의 1910년대 조선인에 관한 부정적 논의는 변화와 발전을 지향하기 위해 용기와 용맹을 강조하는 격려의 다른 표현이었다.

부산서 만주평야를 향할 급행열차가 큰 눈을 부릅뜨고 쏜살같이 달아난다. 문명의 세상, 과학의 세상, 경쟁의 세상이다. 저 좋은 교통기관, 모든 문명의 이기를 잘만 이용하면 부할 수 있다. 슬슬 피하지만 말고 조선 사람도 대도회의 한복판에서 용맹히 활동함이 어떤가. 뒷골목으로, 뒷골목으로 자꾸 기어들어서 대만의 생번生蕃같이 되지 말고 힘을 내어 용기를 내어라. 부활하여가는 부산아!

• 이광수, 「오도답파여행」에서

'생번'은 타이완의 원주민을 말한다. 이광수가 강조한 산업 발달,

교육 보급, 사회 개량 등의 목표는 한말 계몽운동의 목표와 일치한다. 그는 조선인이 문명에서 뒤처져서는 안 된다고 주장했다. 식민지 치하에서 이를 지속적으로 강조했고, 정치적인 문제에서 벗어나 온건한 방면으로 이루어져야 한다고 보았다.

최남선은 이광수의 입장에 동조했다. 『청춘』15호에 게재된 이광수의 「자녀중심론」 말미에 최남선은 이 글에 관해 "새 세상에 나서서 새 시련을 당하는 우리는 온갖 방면으로 새 문제의 해결할 것이 많습니다. 생각하고 논란하고 판단하여야 할 일이 산더미같이 많습니다. 우리 전체의 살 일, 잘살 일에 대하여 걱정하시는 이가 가장 순수한 동기와 진솔한 태도로써 구명究明 분석分析한 결과를 알고자 합니다"[3]라고 하여 이광수와 뜻을 같이했다.

한말처럼 일제강점기에도 최남선에게 일본은 애증 관계에 있었다. 일본 유학생 출신인 그에게 일본은 조선보다 문명이 앞선 곳이었다. 그는 자신에게 만일 일본 동경을 사랑하는 이유가 있다고 한다면 "지성 수양의 기관과 기회가 많음을 들 것"[4]이라고 해서 동경의 여러 도서관 시설을 부러워했다. 하지만 일본 사상계가 서구 문화를 모방했음에 주목하여 일본 문명과의 대결 의식을 가질 수 있었다. 최남선은 "일본의 사상계는 한마디로 평하면 서양에 대해 사대적"[5]라고 해서 서구 근대 문명이 일본 근대 문명보다 앞서 있다고 설명했다. 반면 홍명희는 당대에 글을 발표하거나 심정을 피력하지 않았다. 하지만 아버지의 죽음으로 일본 제국주의의 실체를 뼈저리게 체험한 그의 경우 일본에 비판적인 입장을 지녔음이 확실하다.

2·8 독립선언과 3·1운동 참가

한 사람의 삶에도 여러 차례의 갈림길과 전환점이 있듯이, 큰 공동체 단위의 역사에서는 더더욱 시대와 시대를 구분하는 시점이 있다. 일제강점기의 경우 1919년 3·1운동이 그러했다. 3·1운동은 독립 달성이란 목표엔 비록 실패했지만 민족 공동체에 커다란 희망과 자신감을 준 사건이었다. 1919년은 갑자로 기미년에 해당한다. 3·1운동으로 당대 '기미己未 이후'란 표현이 등장했다.

김동인은 "기미년이라는 해는 조선에 있어서, 온갖 방면으로 조선을 전기와 후기로 나눈 것같이 문학운동에 있어서도 기미 전前의 것은 과도기인 것에 반하여 기미년부터 비로소 구체적으로 발전 과정에 들었다"[1]라고 구분했다. 최남선도 「조선민시론朝鮮民是論」이란 글에서 3·1운동을 통해 민족이 재발견되었다고 했다.

몰랐던 '민족'을 알려 하는 ―일없던 '민족'을 찾으려 하는― 부서진 '민족'을 반죽하려 하는 ―지질린 '민족'을 일으키려 하는― 파묻힌 '민족'을 끄집어내려 하는 조선인의 갱생열更生熱이 다른 방도가 모조리 막혀 있기 때문에 겨우 터져 있는 구멍을 뚫고 발표된 것이 그것이외다.[2]

최남선은 3·1운동으로 투옥되었다가 수감 생활을 마치고 『동명東明』이란 잡지를 만들었다. 윗글은 『동명』 1호에 실린 「조선민시론」(1922. 9)의 일부다. 그는 3·1운동을 통해 민족의 역량을 확인하고 민족 단위를 중심으로 조선의 문제를 해결하는 방향을 제시했다. '민시'는 민족이 나아가야 할 올바른 길 혹은 민족정신에 비추어 옳다고 여기는 주의와 방침을 의미한다. 동경삼재도 기미년에 삶의 중요한 전환점을 맞이했다.

제1차 세계대전과 러시아혁명

동경삼재는 일본 유학 시절, 근대 문명을 수용하면서 민족주의적 정서를 함께 배양했다. 식민지 상황에서 이들은 일본 제국주의와 충돌할 수밖에 없었다. 시차를 두고서 이들은 신경쇠약과 같은 정신적 고통을 겪었고, 홍명희와 이광수는 해외로 나가 '방황'도 했다. 그럼에도 불구하고 조선의 기대주였던 동경삼재는 1919년 3·1운동 당시 민족운동의 중심 역할을 했다.

3·1운동의 경험은 이들에게 조선 민족에 대한 부정적인 인식에서 벗어나는 계기가 되었다. 한말 지식인층은 우민관愚民觀을 가지고 민중을 계몽의 대상으로 생각했다. 민중에 대한 믿음이 부족했기 때문이다. 따라서 민족성 혹은 국민성 논의에서는 이들 민중이 지닌 근대에 적합하지 않은 부정적인 요소가 주로 언급되었다.

그렇지만 3·1운동으로 민중의 역량이 발견되었고, 민중을 더 이상 교화의 대상이 아닌 협력자 혹은 동반자로 생각하게 되었다. 최남선의 경우 「조선민시론」에서 "민중의 실제 각성을 말미암아 근본적 개화가 생기게 되었습니다"라고 해서 시위에 참가했던 민중에게도 주목했다. 이러한 입장은 민족성을 긍정적으로 논의하는 바탕이 되었다.

최남선은 "민족마다 각별한 공통 심리가 있어, 온갖 사물상에 그 특수한 색채를 나타내나니, 이것을 민족성이라 한다. 민족성이 국민으로 발로된 것을 국민성이라 일컫는다"[3]라고 민족성을 정의했다. 그리고 새로운 가능성을 모색하기에 이르렀다. 「조선민시론」에서는 과거 역사에서 계승해야 할 긍정적인 민족성의 사례와 경험을 찾고자 했다.

조선 민족의 문명화를 위해 주로 출판 및 언론 활동을 하던 동경삼재의 운명을 바꾼 사건은 제1차 세계대전과 러시아혁명(1917)이었다. 제국주의 국가들 사이에 식민지를 둘러싸고 일어났던 대규모 대립의 결과가 제1차 세계대전이었다. 러시아혁명은 이론상으로 존재했던 사회주의를 현실 사회에서 실현한 것으로 향후 자본주의와 사회주의의 체제 경쟁을 예고한 사건이었다. 이 두 사건은 1919년 2·8운동과 3·1운동에 영향을 미쳤다.

1918년 11월 11일에 제1차 세계대전이 종결되었다. 오늘날 우리는 제1차 세계대전과 제2차 세계대전을 구분하고 후자가 인류 역사에 더 큰 피해를 입혔다는 것을 알고 있다. 하지만 1918년 시점에서 제1차 세계대전은 인류가 경험한 가장 큰 전쟁으로 유럽 지역을 중심으로 1천만 명에 이르는 군인이 전사했다. 당연히 반전反戰에 관한 광범위한 공감대가 형성되었다.

전쟁 발발의 원인인 제국주의와 자본주의를 비판하는 인식이 형성되었다. 홍명희는 제1차 세계대전을 "자본주의제도가 구제도를 대신한 뒤로 무기가 발달되고 전쟁 기술이 진보되고 전쟁의 화가 점점 참혹해져서 현대에 와서는 파괴적이니 비인도적이니 말할 나위조차 없게 되었다"[4]라고 보았다. 전쟁으로 인한 파괴와 참혹함을 강조한 것이다.

전쟁의 재발을 막을 수 있는 방안을 정의正義와 인도人道에서 찾았다. 이광수는 『나의 고백』에서 이 전쟁을 영국, 프랑스, 러시아, 미국 등의 연합국과 독일과 오스트리아 중심의 동맹국 사이의 "정의와 침략, 인도와 강권의 전쟁"이라고 보았다. 그는 연합국의 입장에서 "이것은 세계의 마지막 전쟁이어서 군국주의 독일만 때려눕히는 날에는 세계에 영구한 평화가 오는 것"이라고 했다. 그리고 연합국의 승리에서 '진리의 빛'을 보았다고 회고했다.

3·1운동의 준비

1919년 초 홍명희는 괴산에, 최남선은 서울에, 이광수는 일본 동경에 거주하고 있었다. 동경삼재 가운데 세계사적 변화에 가장 먼저 대응한 인물이 이광수였다. 그는 세상사를 자기중심으로 정리할 수 있는 사람이었다. 『나의 고백』에 의하면 그는 전쟁이 종결된 직후 북경에서 귀국했다. 귀국 후 현상윤에게 연락해서 이 기회에 독립운동을 일으킬 것을 의논했다. 나아가 최린을 통해 손병희에게 "천도교를 주체로 독립운동을 일으키자"는 뜻을 전하고 동경으로 갔다.

동경에서는 재일 유학생을 중심으로 1919년 2월 8일 독립만세운동이 일어났다. 20대 후반의 '늙은 유학생'이던 이광수는 일본 제국주의에 대한 강경한 저항의식을 밝힌 「조선청년독립단선언서」(일명 「2·8 독립선언서」)를 썼다. 시위 전에 그는 상해로 탈출했다. 그 과정에 관해 『나의 고백』에서는 동지들이 "나더러 상해에 가라고 권했다. 이것은 자기 개인의 뜻이 아니라 동지 일동의 의사라는 것을 붙여 말하고 돈 얼마를 내어 놓았다"라고 밝혔다. 'Y사건'으로 언급된 2·8 독립선언은 그의 삶의 분기점이었다.

나는 Y사건으로 해서 학교도 동경도 다 버리고 다시 방랑의 길을 나서게 되었다. 그러나 그 후에 생긴 일들은 지금까지와 같은 청년 시대의 이야깃거리가 아니라, 기미년 사건이라든지, 내 정치적·사회적·사상적 여러 가지 사건과 고민이라든지, 모두 심상치 아니한 문제들이어서 이 자서전의 붓을 여기서 잠깐 중지하련다.

• 이광수, 「그의 자서전」에서

이광수가 조선 지식인 청년의 대표였다면, 최남선은 민족의 대표로서 조선 독립의 의지를 담은 선언서를 썼다. 최남선이 「기미독립선언서」를 쓰고 3·1운동에 참여한 것은 1919년 2월부터였다. 그에게 독립선언서를 작성하라고 권유한 인물은 일본 유학을 함께했던 천도교의 최린이었다. 당시 최린은 기독교를 비롯한 각계와 교섭을 추진한 책임자였다. 1919년 2월 상순, 최린은 자신의 집에 최남선과 송진우를 불러 운동을 어떻게 진행할 것인지 논의했다. 며칠 후 천도교·기독교·불교 대표 및 구한국 고관과 명사 중심으로 조선 민족 대표를 정하고 조선 독립을 선언하기로 했다. 각자의 역할이 분담되었다.

최남선은 윗세대인 윤치호와의 교섭은 물론, 같은 젊은 세대의 기독교 세력을 연결시켰다. 그는 현상윤과 오산학교 이승훈의 만남을 주선하기도 했다. 아울러 2월 하순 그는 최린과 현상윤이 협의하는 자리에서 자신은 학자로 일생을 보낼 생각이며 독립운동의 표면에 나서고 싶지 않으나 선언문만은 직접 쓰겠다고 밝혔다.

최남선의 「기미독립선언서」는 정의와 인도를 요구하는 시대적 상황에 영향을 받았다. 선언서에는 한말에서 1910년대에 이르는 서구 근대 문명의 소개와 조선적인 것을 재발견하고자 하는 내용이 함께 담겨 있었다. 그리고 '건설과 신운명의 개척'과 같은 적극적인 가치관에 입각해서 서술되었다. 나아가 우리는 문화민족이기 때문에 식민

지배를 벗어나는 것이 당연하다고 주장했다.

3·1운동의 주도

한편 오랜 외국 생활을 마치고 고향인 괴산에 거주하던 홍명희는 1919년 3월 3일로 예정된 고종의 국장을 보기 위해 상경했다. 서울 현장에서 3·1운동을 지켜본 후 그는 같은 달 15일 귀향해서 3월 19일에 괴산에서 시위를 주도했다. 이날 괴산의 만세운동은 충청북도 지역에서는 최초로 일어난 것이었다.

홍명희는 "마지막 한 사람까지도 조선 독립운동을 해야 한다"는 독립선언서를 집필했다. 괴산 장날 오후 5시경, 홍명희는 모인 사람들에게 독립선언서를 나누어주고 독립을 해야 한다는 취지의 연설을 했다.[5] 그 자리에서 홍명희를 포함한 주모자 17명이 검거되었다.

그럼에도 불구하고 군중은 점차 600~700명을 넘었고, 이들은 경찰서를 포위하고 검거된 사람들의 석방을 요구하며 시위를 계속했다. 결국 경찰과 충주에 주재한 군인의 진압으로 밤늦게야 해산되었다. 그의 아우 홍성희는 다음 괴산 장날인 3월 24일 다시 대규모 만세 시위를 주도하다가 체포되었다.

전국적으로 일어났던 1919년 3·1운동은 제1차 세계대전의 종결, 러시아혁명, 윌슨의 민족자결주의, 고종의 사망 등 여러 국내외적 정치 상황의 변화와 함께 한말 일제 초의 민족운동 경험이 축적된 산물이었다. 일제의 탄압에 대항하여 평화적인 만세 시위로부터 조직적이고 물리적 대항 수단을 갖춘 시위 형태로의 전환은 이전의 의병 전쟁, 독립전쟁 등의 민족운동 경험이 있었기에 가능했다.

그러나 1919년 3·1운동은 독립이란 목표를 이루지 못했다. 주된 시위 방식은 독립만세운동이었다. 당시의 구호는 '만세', '독립 만세', '조선 독립 만세' 등으로 압축되었다. 이렇듯 상징적인 이미지를 설정하거나 정치적 구호를 압축하는 것은 시위의 효과를 극대화했다. 이러한 만세 시위 속에서 민족은 계층과 계급을 넘어 하나가 되었다.

민족적 항쟁이면서 이후 민족운동 변화의 분수령이 된 3·1운동의 격변기에 동경삼재의 활동은 어떠했는가? 동경삼재는 각각 충청북도 괴산, 서울, 일본 동경에 거주하면서 3·1운동에 적극적으로 참여했다. 우선 이광수는 1919년 1월 「조선청년독립단선언서」 집필을 하며 일본 동경에서 일어난 2·8독립운동의 중심 역할을 했다. 최남선은 신문관과 조선광문회를 통해 만들어진 인적 네트워크를 3·1운동 준비 과정에서 적극적으로 활용했고 「기미독립선언서」를 썼다. 홍명희는 중국과 동남아시아에 머물다가 1918년 7월에 귀국한 후 고향 괴산에서 만세 시위를 주도했다.

이 같이 동경삼재는 3·1운동에 주도적으로 참여했다. 이들은 3·1운동을 직접 만들어간 주역이었다. 그들 스스로가 세대와 종교계 사이를 연결시켰고 선언서를 작성했다. 이때 홍명희는 서른두 살, 최남선은 서른 살, 이광수는 스물여덟 살이었다. 3·1운동은 민족 공동체에게는 물론 이들 동경삼재에게도 하나의 큰 전환점이었다.

제 3 부

동경삼재와 이념

감옥 생활과 중국 망명

3·1운동에 참여했던 민족운동가들은 일제에 의해 투옥되거나, 이를 전후에서 민족운동의 근거지를 찾아서 해외로 나갔다. 동경삼재 역시 감옥에 갇히거나 중국으로 망명하는 등 공간적 변화 속에서 1920년대를 맞이했다.

이광수는 1919년 2월 자신이 쓴 선언서를 영어로 번역해서 해외에 배포하는 책임을 맡고 상해로 탈출했다. 그곳에서 대한민국 임시정부에 참여해 기관지인 『독립신문』의 책임자가 되었다. 국내에서 3·1운동을 주도했던 홍명희와 최남선은 감옥에 갇혔다. 감옥과 망명 생활을 하며 동경삼재는 육체적으로 괴로웠지만 정신적으로는 자유로웠다.

중국 망명 생활

이광수는 상해 대한민국 임시정부에서 발행한 『독립신문』에 마음 껏 일제에 대한 저항의식을 쏟아냈다. 그는 1919년 11월 『독립신문』 28호에 「일본인에게」란 제목의 논설을 실었다. 이 글에서는 우선 한 국이 일본보다 "역사가 배나 오래되었으며" 문화적으로도 "과거의 문화와 번영에 대한 기억이 일본보다 배나, 10배나 풍부하고 강렬"하 다고 대비했다.

이러한 자부심은 조선 민족과 일본 민족이 "단결력과 애국심과 문 화의 소화 및 창조의 정신력"에서 큰 차이가 없으며 조선 민족은 "인 구로도 세계의 대민족의 하나"라는 근거에서 비롯되었다. 나아가 3·1운동의 경험을 통해 "이미 독립의 일치한 의사와 견고한 결심을 세계에 발표한 한족韓族을 강압하고 통치하기에 일본은 너무 약弱"하 다고 평가했다. 따라서 일제가 조선을 식민지로 만든 것은 큰 잘못이 라고 주장했다.

한국을 강제로 영유함이 결코 일본 존립의 필요조건이 아닐뿐더러 도리어 일본의 대륙 정책과 한국에 있는 일본 신민臣民의 생명 및 재 산과 일본의 존립 자신에 대하여 큰 위협이 되고 복심腹心의 질병이 됨이리오.

• 이광수, 「일본인에게」(상), 『독립신문』에서

대한민국 임시정부의 기관지 『독립』

해외 망명 생활은 수감 생활만큼 어려웠다. 정정화는 1920년대 상해 생활에 관해 "식생활이라고 해야 가까스로 주먹덩이 밥을 면할 정도였고, 반찬은 그저 밥 넘어가게끔 최소한의 종류 한두 가지뿐"이라고 회고했다.[1] 그녀는 독립운동가 김가진의 며느리였다. 어려운 생활에서도 1919년 중국 상해에 대한민국 임시정부가 수립되었고, 임시정부의 기관지 『독립』이 발행되었다. 1919년 8월 창간된 『독립』은 같은 해 10월 이름을 『독립신문』으로 바꿨다. 중간에 일시 휴간하기도 했으나 1943년까지 발행되었다.

이광수는 그해 7월 안창호가 총재인 임시사료편찬위원회에 주임으로 참가하여 9월에는 한일관계사료집 편찬을 완성했다.[2] 아울러 8월에는 임시정부 기관지의 사장 겸 편집장으로 취임하여 같은 달 21일에 창간호를 발간했다. 이 기간 동안 이광수는 『독립신문』에 기명 기사는 물론 무기명으로 많은 사설과 논설을 썼다.

임시정부의 기관지로서 『독립신문』은 한일 관계에 관한 많은 기사와 논설을 실었다. 1910년대 중반 일본 유학 시절의 이광수는 『매일신보』에 게재한 「동경잡신」에서 보여주듯이 후쿠자와 유키치의 묘소를 참배하는 등 일본 근대 문명의 침략성을 비판적으로 보지 못했다. 하지만 그는 『독립신문』을 통해서는 항일의 입장에서 한일 관계를 보며 과거와 현재를 분석하고 미래를 전망했다.

이광수는 과거의 일본에 관해 '일본의 황실은 조선 혈통'이라고 강조했고, 선진先進 문화가 조선으로부터 일본에 전파되었다고 주장했다.[3] 이렇게 문화적 우위를 강조하는 것은 일제의 물리적·군사적 공세에 대한 대응이라고 볼 수 있다.

아울러 그는 과거에 문화적으로 앞선 조선이 당대 일제에 의해 식민지가 된 것은 일본의 침략에서 비롯되었다고 보았으며, 절대 독립의 입장에서 "군국주의적·침략주의적 현존 일본 국가를 타파"[4]할 것을 주장했다. 일본의 침략성을 직시하고 조선의 문화적·역사적 우위를 강조하면서 절대 독립의 주장을 더욱 분명히 했다.

당시 상해 임시정부의 독립운동 방략은 준비론, 외교론과 무장독립전쟁론 등으로 나뉘어 있었다. 이러한 노선의 차이 속에서 이광수의 입장은 어떠했을까? 그는 안창호의 정치 노선을 적극적으로 지지했다. 『나의 고백』에서 자신의 입장이 안창호의 정치 노선과 일치한다

고 했다. 외교론과 관련해서도 국제 관계를 이용하는 것을 반대함이
아니나, 우리 힘과 우리 피로 이겨서 얻지 못하면 지키기 어려운 것이
라고 말했다.

반면 『아리랑』에서 민족운동가 김산은 상해에 머물 때를 회고하면
서 "안창호가 부르주아적 원칙을 따르는 민주적 대중운동을 대변하
는 반면에, 이광수는 그것과 평행한 상층 부르주아와 부르주아 지식
층의 자유주의적 문화운동을 대변"한다고 해서[5] 이광수와 안창호의
노선을 구별했다.

독립운동과 관련해서 어떤 생각과 활동이 이광수의 본모습일까?
물론 이광수는 "인재의 양성이 있은 후에야 비로소 완전한 충실한 일
국민의 자격이 확립되어 흔들어도 움직이지 아니하고 일본 따위가 모
멸하더라도 모멸치 못할 것이외다"라고 해서 유학생의 파견과 인재
의 양성을 주장하는 등 준비론적 입장의 글을 쓰기도 했다.[6] 1920년
대 초반 『독립신문』에서 활동하던 시기에 이광수는 독립전쟁을 목표
로 했던 안창호의 독립운동 노선을 적극 지지했다.

예를 들면 1920년 신년 연설에서 안창호가 한국인이 해야 할 군사,
외교, 교육, 사법, 재정, 통일 등의 '6대사大事'를 언급했는데, 이광수
는 이를 "우리 국민의 금후 진로를 명시"[7]한 글이라고 평가하고 적극
지지했다. 따라서 민족운동가 김산의 이광수에 관한 평가는 중국 국
민당의 탄압과 국공합작國共合作을 경험한 1930년대 후반의 정치적
상황이 투영된 것으로 보인다.

투옥과 감옥 생활

한편 최남선은 1919년 3월 체포되어 1921년 10월 가출옥함으로써 약 2년 8개월 동안 감옥에 있었다. 홍명희는 3월 19일 괴산의 만세운동으로 잡혀 1919년 4월 17일 공주지방법원 청주지청에서 열린 1심 공판에서 출판법과 보안법 위반으로 징역 2년 6개월을 선고받았다. 5월 19일의 경성복심법원京城覆審法院의 항소심에서는 징역 1년 6개월을 선고받았다. 숙부인 홍용식도 같은 형량을, 아우 홍성희는 징역 1년을 선고받았다.

이들 모두는 3심인 고등법원에 상고했으나 기각되어 형이 확정되었다. 병약한 몸으로 힘들게 옥고를 치렀던 홍명희는 이후 징역 10월 14일로 감형되어 1920년 4월 28일 청주 형무소에서 출감했다. 홍명희와 집안사람들이 감옥에 있는 동안, 괴산 인산리의 대저택이 처분되는 등 집안 형편은 더욱 기울어져 있었다.

일제 시기 민족운동가에게 투옥 기간은 수형 생활의 고통과 더불어 자신의 의지와 사고를 단련시키는 기간이기도 했다. 1910년대 잡지 『청춘』을 통해 서구 근대 문명을 주로 소개했던 최남선은 감옥 생활을 하면서 점차 그 주안점이 바뀌게 되었다. 『동아일보』 1920년 6월 12일 자에 따르면, 그는 불교 관련 서적을 많이 읽고 『자조론自助論』의 후편을 번역해서 탈고했다고 한다.

잡지 『개벽』에서 어떤 기자는 옥중에 있는 최남선이 "감옥에 있는 중에 정규의 복역에 해당하는 이외에 항상 독서와 저술을 게을리하지

『동아일보』 1921년 3월 1일 자에
실린 「옥중에서 가족에게」 기사.

않는 바 씨의 조선사에 대한 연구는 이번 기회로써 그 걸음이 크게 나
아가겠다"[8]라고 했다.

깊은 사색과 깨달음

최남선은 「내가 경험한 제일 통쾌」에서 그동안 조선에 관해 특히
"조선이라고 하는 말뜻부터 무엇인지, 조선 민족의 연원이 어떻게 생

기었는지, 조선 문화의 출발과 그 특징이 무엇인지" 등 조선의 근본을 알려고 노력했었는데 감옥 생활 도중 "조선에 관한 지식의 통일적 방면, 근본적 방면"인 '붉'에 관한 원리를 찾았다고 스스로 밝혔다. 이를 자신의 삶에서 가장 통쾌한 순간이라고 했다.

> '붉'이란 손잡이를 붙든 뒤부터는 조선 고대 상태에 대하여 모르더라도 모르는 대로의 알 듯 한 것이 있고, 조선에뿐 아니라 조선을 중심으로 하는 일대 문화 계통이 존재한 것을 알고 이것이 실상 인류 문화 사상의 중대한 사실이요 요긴한 부분이었건만 이때까지 학계가 이를 한각閑却하는 것이 도리어 괴이하다고 생각하는 한편으로, 변변치 아니한 힘이라도 학계의 버린 땅이 된 이것을 다스리는 것이 내 사명인 것을 생각하고는 항상 일종의 통쾌한 마음을 가지고 생활을 하고 있었다.
>
> • 최남선, 「내가 경험한 제일 통쾌」, 『별건곤』 28, 1927. 8에서

최남선은 투옥 기간 중 태양을 숭배하는 문화권에 관한 논의인 '붉'의 원리를 찾았다고 한다. '붉'은 '밝다'란 의미의 어원이 되는 광명을 의미한다. 구체적으로 한국 고대사와 민족의 기원에 적용한 단군과 불함문화론不咸文化論을 구상했던 것이다. 즉 그는 이를 기점으로 서구의 근대를 전파하고자 했던 계몽주의자에서 조선의 전통을 고민하는 역사학자, 민속학자로 변모했다.

물론 한국 고대사에 관해서는 그가 1918년에 쓴 「계고차존稽古箚存」

이 있었다. 하지만 이 글은 한국 고대사에 관한 시론적 성격을 지니고 있었다. 투옥 시절 "몇 년 전 옥중에서 기초한 「조선 건국 전설의 연구」 중"[9]이라고 언급했듯이, 단군신화에 대한 관심은 이때 구체화되었다. 출옥 후 그는 본격적으로 근대적 학문 방법론에 입각해서 일본인 학자들의 '식민사관'에 대항하는 저술 활동을 펼쳐 나갔다. 이는 조선 역사와 문화에 관한 '조선학' 연구로 연결되었다.

일제는 독립운동을 탄압하기 위해 관련자를 투옥했지만 최남선과 홍명희의 사례에서 보이듯이, 이들은 수감 생활을 향후 민족운동의 방향성을 재정립하는 기간으로 삼았다. 최남선은 수감 기간 동안 일제와 학문적 대결을 준비하는 조선학 연구의 토대를 구상했고, 홍명희는 출옥 후 언론 활동과 함께 민족운동의 가장 선진적인 사상 단체에 적극 참여하여 신사상을 학습해 소개하고자 했다. 반면 절대 독립과 독립전쟁을 지지했던 상해 시절의 이광수의 삶과 활동은 1921년 3월 식민지 조선으로 돌아오면서 일제의 변화된 정책인 '문화정치'의 영향권 아래 놓이게 된다.

1920년대 전반기 국내 활동

최남선은 3·1운동 이후 1919년 3월 체포된 후 1921년 10월 19일 가출옥을 하여 약 2년 8개월 동안 감옥 생활을 했다. 윤치호는 1921년 10월 19일 자 일기에 "독립선언서를 기초한 최남선 군을 찾아갔다. 그는 어제 정오에 가석방되었다. 그의 말에 따르면, 그와 동료 죄수들은 예전의 나와는 비교도 할 수 없을 만큼 후한 대접을 받았다. … 최군은 읽고 쓰는 문제에 있어서만큼은 마치 자기 집에 있는 것처럼 자유를 보장받았다"[1]라고 썼다.

1865년 생으로 최남선보다 스물다섯 살이 많았던 윤치호는 1910년대 초반에 '105인 사건'으로 감옥에 갔던 적이 있었다. 최남선이 석방된 다음 날 윤치호는 그의 집에 찾아가 석방의 기쁨을 함께했다. 당시의 정서상 나이 많은 사람이 그보다 어린 사람을 찾아가는 것은 쉽지 않았다. 윤치호처럼 이병기도 1921년 10월 20일 자 일기에서 "『동아일보』는 어제 최남선 군이 가출옥했다 하니 다 듣기 기쁘다"[2]라고 해서 최남선의 출옥을 축하했다.

출옥에 대한 기대감

일본과 미국 유학 후 독립협회 활동을 했던 기독교의 주요 인물인 윤치호가, 국문학자이자 시조 작가인 이병기가 왜 최남선의 출옥을 자신의 일기에 기록했을까? 그를 포함한 동경삼재에 기대감이 있었기 때문이다. 심지어 윤치호는 1923년 10월의 일기에서도 최남선을 "학문적인 면에서나 인격적인 면에서나 내가 진심으로 존경하는 인물"이라고 평가했다.

홍명희는 1920년 4월 28일 청주 형무소에서 그리고 최남선은 1921년 10월 서대문 감옥에서 출옥하고, 이광수는 1921년 3월 상해에서 식민지 조선으로 귀국했다. 이광수의 귀국과 홍명희와 최남선의 출옥으로 동경삼재의 활동 공간은 서울이 되었다.

동경삼재 가운데 홍명희는 집안일에서 기쁨과 슬픔을 동시에 겪었다. 그는 출옥한 직후 아들 홍기문과 둘째 아우 홍도희 두 사람을 장가보냈다. 장남 홍기문의 나이는 열여덟 살이었다. 1921년에는 그의 쌍둥이 딸 수경과 무경이 태어났다. 그리고 1923년 장남 홍기문이 아들을 낳아 홍명희는 서른여섯 살에 할아버지가 되었다. 반면 1920년

『동아일보』 1921년 10월 19일 자에 실린 최남선의 출옥 기사.

8월 돌이 갓 지난 셋째 아들 홍기하가 죽었으며, 1922년에는 막내아우 홍교희가, 1923년에는 결혼한 지 얼마 안 된 둘째 아우 홍도희가 요절했다. 1925년 2월에 조부 홍승목이 일흔아홉 살로 사망했다.

출옥 후 서울에 거주하면서 홍명희는 주로 교육계와 언론계에서 활동했다. 1920년대 초에는 휘문학교와 경신학교 교사를 지냈으며, 이후 중앙불교전문학교와 연희전문학교에 출강하기도 했다. 1923년경에는 조선도서주식회사 전무로 근무했다. 양건식은 당시 홍명희의 모습을 "나에게 한 단아한 선비로구나 하는 느낌을 먼저 주었다. … 학자·문인 이 두 가지의 특징을 겸해 가진 풍모에 조숙한 문인이 보이기 쉬운 경박한 기풍은 아니 보였다"라고 보았다.[3] 학자와 문인이란 단아한 이미지의 홍명희는 1920년대 전반 민족운동 전선에 적극 참여했다.

한편 일제가 귀국을 종용했다는 등 여러 풍문에 휩쓸린 이광수는 사회 활동에 참여하는 것이 쉽지 않았다. 그는 1921년 3월 상해에서 조선으로 귀국했다. 임시정부에서의 활동은 1921년 2월 17일 자 『독립신문』 94호에 실린 시詩 「광복기도회에서」가 끝이었다. 이광수는 이 시에서 "잃어버린 나라/ 그 안에 우짖는 가엾은 동포를/ 건져주소서"라고 기원했다.[4]

같은 해 4월 『독립신문』에 별다른 설명 없이 "이광수 군은 수월 전에 사임했사오니 독자 여러분은 널리 헤아려주시길 바람. 독립신문사"라는 「사고社告」가 실렸다.[5] 이를 미루어볼 때 1921년 초부터 그는 일제가 지배한 식민지 조선으로의 귀국을 고민했던 것으로 보인다.

1919년 수립된 대한민국 임시정부는 1920년대 초반부터 활동이 많이 위축되었다. 김구는 1919년 3·1운동의 열기로 세워진 임시정부가 몇 년 지나자 "열렬하던 독립운동자 가운데 하나 둘씩 왜놈에게 투항하거나 귀국하는 자들이 생겨났다"[6]라고 하면서 귀국한 자로 이광수를 언급하고 이러한 숫자가 점차 늘어나고 있다고 보았다. 임정 안에서 일제에 대한 대응, 즉 민족운동의 방향을 놓고 다양한 의견이

개진되었다.

귀국에 대한 실망

이광수는 귀국을 선택했다. 그 이유를 『나의 고백』에서 "동포들이 많이 사는 속으로 들어갈 수밖에 없었다. 나는 제 주권이 있는 나라의 혁명운동은 국외에서 하는 것이 편하고, 제 주권이 없이 남의 식민지가 된 나라의 독립운동은 국내에서 하여야 한다"라고 결단을 내렸다고 했다. 그러면서 구체적인 사례를 중국의 공화주의 혁명과 인도의 독립운동에서 찾았다.

인도의 독립운동을 보면 … 국내에서 하므로 대부분을 합법적으로 하고 있었다. 합법적으로 동지의 결속을 많이 하면 기회를 얻어서 각지에서 일제히 일어날 수가 있는 것이었다. … 민족 독립운동의 정로 正路는 무엇인가. 그것은 민족 자체의 힘을 기르는 것이었다.

• 이광수, 『나의고백』에서

이광수는 귀국한 후, 일제의 지배 아래에서 민족운동을 하기 때문에 '합법적'으로 해야 한다고 주장했다. 그리고 '민족 자체의 힘을 기르는 것'이 식민지 민족운동의 바른 길이라고 주장했다. 그렇다면 이광수의 정신적 지주 역할을 했던 안창호의 생각은 어떠했을까? 『나의 고백』에서 이광수는 안창호가 적극 반대했다고 했다. 앞에 언급했던 김구 역시 귀국은 일제에 투항하는 것이라고 여겼다.

이광수는 자신의 귀국이 미칠 파장을 알고 있었을 것이다. 그럼에도 불구하고 귀국을 결심한 것은 일제가 자신을 '처벌하지 않을' 것이라는 확신이 있었기 때문이다. 1910년대 '무단통치'에서 1920년대 '문화통치'로 전환한 일제는 조선 지식인에 관한 회유 정책을 펼쳤다.[7] 이광수도 이에 해당됐다.

이광수는 『나의 고백』에서 "소위 사이토 총독의 문화정치로 해외에서 독립운동자가 들어오면 내버려두는 것이었다. 나는 이것을 다행하게 생각하는 대신 무섭게 생각했다. 왜 그런가 하면, 나는 필시 세상의 비난을 받기 쉽겠기 때문이었다"라고 밝혔다. 실제로 귀국한 이광수를 일제 당국은 체포하거나 탄압하지 않았다.

이광수는 조선인 사회에서 자신의 행동이 어떻게 보일지 관심을 기울였다. 그는 귀국 직후인 1920년 5월 허영숙과 결혼했다. 이에 대해 "김성수, 송진우, 장덕수, 최남선, 홍명희, 김기전 같은 친구들은 그래도 나를 찾아주었다. 나는 두문불출하고 죄인으로 자처하면서 내 장래의 계획을 생각하고 또 글을 쓰고 있었다"라고 『나의 고백』에서 밝혔다. '그래도'라는 표현에서 드러나듯이 그는 귀국 후에 자신에게 부과된 사회적 책임과 비난을 염두에 두었다.

최남선과 홍명희는 여전히 이광수와 교유 관계를 지속했다. 반면 많은 지식인이 이광수를 외면했다. 귀국 직후 이광수를 만난 염상섭은 "그가 귀국한 지 며칠 아니 되었으나 공적·사적으로 그의 신경을 홍분케 하는 일이 많아서 그리했든가 하는 생각도 있지만, 행색이 매우 창황蒼惶하여 이전에 동경에서 두어 번 보던 이군이 아닌 것 같았었다"라는 인상기를 남겼다. '창황'은 당황하고 허둥댐을 의미한다.

이병기는 1921년 4월 4일 자 일기에서 "『조선일보』에 춘원이 돌아왔다는 말이 났다. 허영숙하고 상사병이 나서 왔단다. 무엇이 사랑스러우니 해도 춘원에게는 허영숙보다 더 사랑스러운 것이 없다. 이천만 동포니 삼천리강산이니 하고 남보다 더 떠들고 사랑하는 체한 이가 겨우 한 허영숙에게 바치었다. … 춘원 일을 들으면서 내 스스로 두려워하고 놀라 하노라. 더욱 얼을 차려 가다듬을 것이로다"[8]라고 썼다. 민족보다 개인사를 앞세운 이광수를 비난한 것이다.

김동인도 "헐벗고 굶고, 이런 빈곤과 싸우다 못하여 그는 어떤 기회에 그만 귀국하기로 한 것이다. 단순하고 심약한 춘원이 이 '귀국할까' '말까'의 두 가지 어려운 결정의 자리에서 얼마나 번민했을지는 넉넉히 짐작할 수가 있다"[9]라고 했다. 귀국을 결정한 이광수를 심약하다고 보았다. 이광수는 귀국한 후 한동안 아무 일도 할 수 없었다.

나는 이 모든 것을 다 버리고 상해를 떠나 일생에 다시 밟지 못하리라 했던 사랑하는 고국의 서울 종로 남산 남쪽 방향 기슭 조그마한 초당에 약 일 년간 숨은 몸이 되어 그야말로 새로, 새로 모든 것을 다 새로 시작하지 아니치 못할 몸이 되었습니다.

• 이광수, 「사죄와 감사」, 『백조』 2, 1922. 5에서

일반적으로 새 출발을 강조하는 것은 이전 시기 자신의 행적 즉 과거를 부정하는 행위다. 이광수는 기존의 민족운동 방법과 노선을 버리고 국내에서 새로운 무엇인가를 시작한다고 표명했다. 그렇다면 그가 하고 싶은 일은 무엇이며, 어디서부터 시작했는가? 귀국 후 처음 발표한 글인 1921년 7월 잡지 『개벽』에 실은 「중추계급과 사회」에서 그의 입장을 확인할 수 있다.

「민족개조론」의 파장

이광수는 이 글에서 "조선에는 유치한 자유론, 평등론이 성행하여 사회의 발전을 저해함이 자못 크니"라고 전제하고, 이 때문에 "아무러한 단체 생활도 영위치 못할 것"[10]이라고 밝혔다. 1920년대 조선인 사회는 '유치한' 사상에 기반하고 있기에 제대로 된 단체 활동을 영위하지 못하고 있다고 했다. 이는 1919년 3월의 경험과 상해 임시정부에서의 활동 당시 강조했던 조선 민족의 역량을 부정하는 것이다. 이러한 인식은 그의 국제 인식에도 반영되었다.

지나간 구주대전歐洲大戰과 같은 큰 전쟁도 해보고, 혹은 국제연맹도 만들어보고, 혹은 태평양 회의도 열어보고, 또 혹은 사회주의 운동도 해보고, 그러나 우리는 대전도 쓸데없었고, 국제연맹도 우스운 것이요, 태평양 회의도 그리 대단한 것이 아님을 보았고, 러시아의 노농

정치도 아직 시험 중이라 급제 낙제가 판명될 시기가 아닌 것임을 보았습니다.

• 경서학인, 「예술과 인생」, 『개벽』 19, 1922. 1에서

경서학인京西學人은 이광수의 필명이다. 그리고 구주는 유럽의 옛말이고, 구주대전은 제1차 세계대전을 의미한다. 이후 전쟁에 반대하는 반전사상과 함께 전쟁의 원인을 제공한 자본주의와 제국주의에 대한 비판적 목소리가 높았다. 그리고 이를 바꾸고자 한 노력을 개조론이라고 일컬었다. 국제간의 분쟁을 대화로 해결하고자 한 국제연맹과 군대 규모의 축소를 논의한 태평양 회의가 그 중요한 국제적 논의였다. 사회주의 역시 광범위한 개조론의 하나였다. 이광수는 이러한 활동에 비판적이었다.

1920년대 초반, 이광수는 조선인 지식인 가운데 가장 앞서 민족의 발전 가능성에 관해 비관적인 평가를 내렸다. 개조론에 관한 믿음을 포기한 채 조선 민족성의 부정적인 측면을 강조했다. 그리고 민족운동의 토대인 민중에 대한 기대감 및 조선 독립의 가능성을 부인했다. 특히 논란이 되었던 것은 1922년에 발표한 「민족개조론」이었다.

재작년 3월 1일 이후로 우리 정신의 변화는 무섭게, 급격하게 되었습니다. 그리고 이러한 변화는 금후에도 한량없이 계속될 것이외다. 그러나 이것은 자연의 변화외다. 마치 자연계에서 끊임없이 행하는 물리학적 변화나 화학적 변화와 같이 자연히 우리 눈으로 보기에는

우연히 행하는 변화이외다. 또는 무지몽매한 야만 인종이 자각 없이
추이推移하여가는 변화와 같은 변화외다.

• 이춘원, 「민족개조론」, 『개벽』 23, 1922. 5에서

이광수는 3·1운동에서 확인된 민족적 단결력을 우연한 변화로 보
았다. 그리고 이를 '무지몽매한 야만 인종'의 행동과 동일시했다. 한
말 지식인이 보였던 민중에 관한 불신을 기반으로 한 전형적인 우민
관의 논리였다. 민중에 대한 믿음을 스스로 부정한 것이다. 이에 대해
『동아일보』에 관여했던 민족주의 계열의 최원순은 조선의 민족성을
"허위, 비사회적 이기, 나태, 무신용, 사회성 결핍" 등으로 규정하는
것은 조선의 특수한 유전적 성격이 아니라고 해서[11] 이광수의 부정적
인 민족성 논의를 비판했다.

한편 최남선은 1910년대 신문관과 조선광문회를 경영했던 경험을
살려 잡지 『동명』을 발행했다. 『동명』의 독자는 3·1운동을 통해 역량
이 확인된 식민지 조선인이었다. 그는 이를 통해 근대적 지식과 나아
가 조선의 역사와 문화를 소개했고 독자들을 민족 구성원으로서 계몽
시키고자 했다. 그리고 홍명희는 사회주의사상과 활동을 지향한 사상
단체에 참여했다. 이렇듯 1920년대 초반, 동경삼재는 비록 서울이란
곳에 모두 모였지만 민족운동 노선과 실천 방법의 차이가 생기면서
서로 교류하기가 쉽지 않았다.

조선적 정체성 탐구

1925년 3월에 이광수는 최남선을 평가하는 글을 발표했다. 이광수는 우선 "사랑하는 친구를 평가하는 것은 가장 어려운 일"이라고 말하면서 최남선을 서재필과 안창호를 이어 조선의 문화운동을 이끌 인물로 보았다. 문화운동은 한말 일제강점기에 이루어진 언론과 교육 및 출판 활동을 의미한다. 서재필은 한말 『독립신문』을 발간하고 논설을 집필했으며, 안창호는 청년·학생의 교육과 수양 활동에서 적극적으로 활동했다.

이에 한 걸음 더 나아가 이광수는 최남선을 '조선주의'를 강조한 역사학자 또는 조선학자라고 규정했다. 최남선을 '조선적인 것'을 연구하고 그 성과를 발표하는 한국학 연구자로 본 것이다. 나아가 그가 이미 "조선의 문명사와 문화사에 중요한 인물"이 되었지만, "아직도 서른여덟 살 '청년'이기에 "과거보다 더 긴 미래를 가진 이"[1]라고 평가했다. 실제로 최남선은 1920년대 초반 잡지『동명』을 발행했다. 이 잡지는 조선을 대표하는 동방과 밝음을 명칭으로 삼아 '민족 완성'을 그 목적으로 했다.

잡지『동명』이 발간된 1920년대 초반은 제1차 세계대전 후 세계적으로 유행했던 개조론과 1917년 러시아혁명으로 사회주의사상이 본격적으로 소개되었던 시기였다. 최남선은『동명』을 통해 1910년대처럼 계속해서『그림 동화책』등 서양 아동문학서에도 관심을 기울였다. 또한 그는 문화운동의 하나인 물산장려운동, 민립대학 설립운동 등을 지지하는 기사를 연재하면서 동시에 사회주의를 소개했다.

세계 사조의 소개와『동명』

1900~1910년대 신문과 잡지의 독자층이 소년과 청년에서 1920년대에는 조선인 전체로 확대되었으며, 서구 근대 사조의 소개 역시 영미식 가치관은 물론 사회주의의 소개로까지 확장되었다. 사회주의는 넓은 의미의 개조론에 포함되었다.

최남선은 1910년대 신문관과 조선광문회의 경영과 3·1운동 이후 수감 생활의 경험을 바탕으로 잡지『동명』을 발행했던 것이다. 이를 통해 사회주의에 대한 긍정적 평가 및 소개도 병행했다. 1922년 1월 14일 발간된『동명』23호에서 사회주의적 경향을 지닌 잡지『신생활

新生活』의 발행 금지에 대해 "그 연구까지 금지함은 도리어 과격화함이요 불평불만을 농화釀化하게 함이니"라고 밝혀, 사회주의를 식민지 조선인이 반드시 이해해야 할 사조로 인식했다. 그리고 김종범의 번역으로 사회주의 일반을 소개한 「사회주의 개요」를 연재했고, "사회주의를 개조안 가운데 가장 실현 가능한 근본적 개조"라고 본 일본 학자의 글 「사회주의의 실행 가능 방면」을 번역했다.[2]

물론 사회주의를 소개했다고 최남선이 사회주의적 입장을 지지하거나 동조했다고 볼 수는 없다. 구체적으로 『동명』의 필자들이 제국주의를 비판하는 입장은 동일했지만 3·1운동 이후 지식계급과 민중과의 관계, 새로운 사조인 사회주의 등에 대한 입장은 필자마다 달랐다.

조선인 자본가의 역할에 관해 다양한 논의가 제기되었다. 일반적으로 자본가의 도덕성 즉 부의 사회적 환원을 주장하는 것은 1920년대 초반 사회개조를 강조하는 시대적 상황의 반영이었다. 최남선은 이러한 주장의 근거를 민족주의에서 찾았다.

최남선은 황해도에서 홍수가 일어나자 몇몇 단체와 유력자가 구제회救濟會를 만든 것은 "순수히 동포를 사랑하는 아름다운 정情의 발로"[3]라고 평가했다. 이렇듯 민족주의는 계층 혹은 계급 사이의 대립을 피하며 유산자들에게 '양보'를 요구할 수 있는 논리를 제공했다. 조선 사회를 근대화하기 위한 방안으로 조선인 유산자의 양보를 요구하는 것은 개조론과 민족주의에 기반하고 있었다.

한말 일제 초 문화 계몽 활동과 민족운동에 적극 참여했던 동경삼재는 1920년대 초반부터 서로 조금씩 멀어지기 시작했다. 이광수는 『동명』에 적극적으로 참여를 권유받지 못한 것에 관해 "세상의 내게 대한 비난이 육당의 용기를 꺾은 듯하여 마침내 내게는 아무 말도 없이 『동명』이 나왔다. 나도 이에 대해서 좀 분개했으나 역시 당연히 받을 벌인가 했다"[4]라고 밝혔다. 문화운동 영역에서 이광수와 최남선은 서로 함께하지 못하게 되었다.

'조선학'의 천명

최남선은 식민지 조선인의 민족성을 포함한 조선심朝鮮心을 찾기 위해 조선학 연구의 필요성을 천명했다. 조선심은 조선의 마음, 다시 말해 조선적인 것의 진수를 말한다. 그는 1926년 『동아일보』에 연재한 「단군론」에서 "일본인이 조선의 권력을 잡으매, 아무것보다 애쓴 것이 조선심에 관한 방침이요, 어떻게 하여 이것을 억제하고 없앨가의 문제였다. … 조선인에게는 역사적 교양에 관한 일체의 기회를 주지 아니하는 동시에 조선어의 공적公的 생명은 새로이 사적私的 존재까지에도 가능한 모든 위협을 더했다"라고 하여 민족성 논의와 관련해 일제와의 대결 의식을 분명히 했다.

위의 논지는 일제의 조선인관에 대한 대응의 성격을 지니고 있었다. 1918년에 쓴 「계고차존」이 있지만, 1920년대 이후 본격적으로 일본을 통해 수용한 역사와 지리학을 바탕으로 민속, 종교, 역사 등 조선의 전통 관련 소재를 중심으로 일제 학자들의 식민사관 또는 식민학植民學에 대항한 저술 활동을 펼쳐 나갔다.

이러한 활동은 최남선이 일본에서 배운 근대 학문의 방법론을 통해 조선적 정체성을 찾고자 했음을 의미한다. 이러한 문제의식의 연장선에서 출옥 직후 최남선은 조선적인 것을 찾는 작업을 조선학이라고 정의했고 조선학이 지향해야 할 방향을 다음과 같이 서술했다.

> 정신부터 독립할 것이다. 사상으로 독립할 것이다. 학술에 독립할 것이다. 특별히 자기를 지키는 정신, 자기를 발휘하는 사상, 자기를 구명하는 학술상으로 절대한 자주, 완전한 독립을 실현할 것이다. 조선인의 손으로 '조선학'을 세울 것이다. … 내 영광의 북을 내 손으로 돌울 것이다.
>
> • 최남선, 「조선역사통속강화개제」, 『동명』 6, 1922. 10. 8에서

잡지 『동명』에 실린 이 글에서 "조선인의 손으로 조선학을 세울 것"을 주장한 최남선은 정신, 사상, 학술 영역에서 독립을 주장했다. 이는 조선인이 누구인지 밝혀야 하고, 그 장단점을 파악해서 능력을 최대한 발휘할 수 있는 이념 체계를 만들어야 한다고 주장한 것이다.

조선적인 것을 연구하는 학문 체계는 당연히 조선인의 손으로 이루어져야 한다고 보았다. 이 글에서 최남선은 조선 고문화에 대한 연구가 조선학이라고 밝혔다. 최남선은 이집트학이 이집트 사람이 아닌 영국 사람을 비롯한 외국인의 손으로 이루어졌다고 언급하고, 조선학

도 일본인에 의해 시작되었다고 하며 일제와의 대결 의식을 보였다.

조선인의 독자적인 연구와 조선학의 수립은 첫째, 일본 및 서양의 조선 연구와 구별되어야 하며 둘째, 동북아시아에서 중국과 일본의 문화와 다른 조선의 문화를 발견하고 이를 다른 문화와 동등하거나 앞선 것으로 규정해야 하며 셋째, 이를 통해 독자적인 이론 체계를 갖추는 것에 방향이 맞춰졌다.

보다 구체적으로 최남선은 일본인 학자에 의한 조선학 연구에서 그들의 단군 연구를 비판했고, 중국과 일본의 문화와는 다른 조선 문화를 찾고자 했으며, 세계 학계에 기여할 논리로써 불함문화론을 세우고자 했다. 최남선은 조선학이 수립되기 위해서는 자기 역사에 대한 정확한 이해가 필요하다고 주장했다.

민족적 자각을 유발하고 나아가 자각의 내용을 충실케 하여 진실한 자조심을 조장하고, 확실한 자주력을 수립케 하기로는 아무러한 시편 詩篇보다도, 철학설哲學說보다도, 가장 유력한 것이 역사다. 아니, 자기의 역사에 대하여 항상 정당한 이해가 있을진대, 새삼스럽게 자각, 자려自勵할 필요도 없고, 또 자조, 자주 같은 것이 문제 될 까닭이 없을 것이다. 그와 반대로 자각이 필요하고 자주가 급무인 민족, 사회, 시대 일진대 아무것보다 먼저 자기의 역사에 대하여 정확한 관념을 가지기에 힘쓸 것이다.

• 최남선, 「조선역사통속강화개제」, 『동명』 3, 1922년 9월 17일에서

1920년대 초 최남선이 조선학을 천명한 이후, 그의 사론史論을 확인할 수 있는 글이 1925년 10월 『동아일보』에 쓴 「아사인수我史人修의 애哀」다. 아사인수의 애는 우리 역사를 다른 사람이 연구하는 것에 대한 슬픔이란 뜻이다. 그는 이 글에서 조선사편수회를 통해 일본인의 손으로 조선사가 편찬되는 것은 조선인의 입장에서 보면 '최후의 정신적 파산'이라고 보았다. 이처럼 조선학 정립의 첫 과정은 일본 사람이 조선사를 정리한 것에 대한 대항 혹은 대결 의식에서 출발한다.

최남선은 식민사관의 대표적인 논리인 '일선동조론日鮮同祖論'에 반대했다. 그는 일본의 '신공황후神功皇后의 삼한 정벌'에 대해 "연대가 올라갈수록 조선이 우월하고 강한 처지를 가지는 상세上世의 사실까지 매우 심하게 억측으로써 전환 … 조선이 옛날에도 일본에게 굴욕을 받은 일이 있는 것처럼 통설화"[5]되고 있음을 비판했다. 또한 일본 고대 사회와 문화에 미친 반도의 영향을 강조했는데, 예를 들면 부여 이주민이 일본에 건너가 통일국가를 설립했다는[6] 주장이 그것이다.

'문화정치' 속 학술 운동

한편 '학술상의 자주와 독립을 이룩하자'는 조선학의 논의는 일제와의 물리적 대립을 회피하는 모습으로 보일 수 있었다. 다시 말해 1920년대 초반 문화정치 공간 안에서 정치적 학술 운동이 가능한 상황임에도 불구하고 최남선은 정치색을 드러내지 않으면서 과학적 연구가 가능한 조선학을 주장한 것이다.

이러한 주장은 제국주의자와의 대결 의식보다는 이들의 연구방법론을 수용할 수밖에 없는 모순적 상황을 만들었다. 실제로 최남선은 1924년 시대일보사 경영에서 손을 떼면서 민족해방운동에 적극적으로 나서지 않았다. 『시대일보』의 운영은 그에게 커다란 부담이었다. 이는 윤치호가 예견했던 것이다. 1923년 11월 4일 자 윤치호의 일기다.

> 최남선 군이 10시 30분쯤 찾아와 1시간 30분 동안이나 『시대일보』를 발행할 수 있게 현금 3만 원을 대달라고 성화를 부렸다. … 그의 청을 들어줄 수 없다고 아무리 얘기해도, 그는 자기의 요구를 되풀이했다. 그는 학자이지 사업가는 아니다. 최군이 신문을 발행해 이윤을 남기는 데 실패할 게 뻔하다. 그가 『동아일보』를 능가하는 반일적 논조를 펴는 걸 일본인들이 그냥 놔둘 리가 없기 때문이다. 만일 그가 반일적인 논조에서 『동아일보』에 뒤처지면, 조선인들은 그의 신문을 성원하지 않을 것이다. 설령 그가 『동아일보』와 어깨를 나란히 하는 데 성공한다 하더라도, 발행 부수 면에서 『동아일보』를 누르지는 못할 것이다.

어떤 인물에 관한 사람들의 평가를 세평이라고 하는데 이는 의외로 사실관계에서 정확한 부분이 있다. 1924년 당시 최남선에 관해 "양사養士골 샌님이 불의에 대위운大危運을 당했지만 그만 일에 까닭이나 하랴. 언젠가 거무태태한 그 얼굴에 흰 고무신 때 묻은 버선을 신고 황금정 네거리로 대활보를 하는 모양을 보니 또 무슨 새로운 패기가 흥중에 오르는 모양"[7]이라고 했다. 같은 해 이광수에 관해 "군중의 눈독에 눈이 놀래 가지고 『동아일보』도 뛰어나오더니 요새는 중학교 영어 교사로, 들어간 두 볼이 더 들어가는 모양인데 그래도 이제부터는 『조선문단』에만 전력을 다한다는 모양"[8]이란 세평이 있다.

1927년 11월 5일 자 『조선일보』에 실린 최남선의 캐리커처.

교육과 언론 활동

1924년의 홍명희에 대한 세평을 살펴보면, 어떤 기자는 그에 관해 "벽초—처음의 호는 가인假人 또는 가인可人. 가인은 아담의 맏아들로 동생 아벨을 죽인 사람이다. 아마 바이런의 시극詩劇 「카인」에서 온 것인가? 지금은 벽초라고 부르는데 그 뜻은 무엇인가? 그 위대한 대머리와 빈약한 윗수염이 『동아일보』 편집국장으로 연방 끙끙거리는 모양. 어떤 험구 말하되 '어 신선神仙하여 버렸군!'"[9] 하고 적었다.

출옥 후 홍명희는 주로 교육계와 언론계에서 활동했다. 1920년대 초 그는 휘문학교와 경신학교 교사를 지냈으며, 중앙불교전문학교와 연희전문학교에 출강했다. 1923년경에는 조선도서주식회사의 전무로 근무했다. 이 출판사에서 『태서泰西 명작 단편집』이란 책에 체호프의 「산책녈」, 모파상의 「모나코 죄수」 등 4편의 서양 단편소설을 번역해서 실었다. 태서는 서양을 의미한다.

그 후 1924년 5월 동아일보사에 주필 겸 편집국장으로 취임했다. 『동아일보』에 「학예란」, 「학창산화學窓散話」 등을 맡아 동서고금의 이색적인 지식을 소개한 논설을 연재했다. 다음 해인 1925년 4월, 시대일보사로 자리를 옮겼다. 시대일보사에서는 편집국장, 부사장, 사장을 지냈다. 문학가이자 언론인인 양건식이 쓴 홍명희에 관한 평가다.

동경 유학생 중 3재자才子 중의 1인? 퍽 경박하게 들리는 말이다. 그러나 천재라는 홍군은 나에게는 한 단아한 선비로구나 하는 느낌을 먼저 주었다. 보통 중키에 약질로 생긴 사람이 조금 이마에 대머리가 진 갸름한 얼굴에 총명한 듯하고도 공겸恭謙하고 한아閑雅하고도 친절하며 그리고 상글상글 웃으면서도 수줍어하는 태도로 나의 눈앞에 나타날 때에 … 학자, 문인의 두 가지 특징을 겸해 가졌다니 말이지. 용모로도 그러하거니 오늘날 조선 문단의 다독가로 말을 하면 아마 홍명희로 첫손가락을 꼽아야 할 것이다. … 쉬지 않고 신사상을 연구한다는 말을 들으면 군이 무슨 광명의 길을 찾는 것이 아닌가 한다. 그리고 이것이 또 군의 특색일 것이다.[10]

우선 주목해야 할 것은 당대 조선 사회에서는 여전히 이들 세 사람을 하나로 통칭하여 동경삼재란 범주에서 이해했다는 것이다. 양건식은 홍명희의 외모에서 학자나 문인의 모습을 찾고자 했다.[11] "수줍어하는" 인상과 달리 "쉬지 않고 신사상을 연구"한다는 양건식의 평가처럼 홍명희는 출옥 후 사회주의 계열의 사상 단체에 적극적으로 참여했다.

홍명희가 사장을 맡았던 『시대일보』는 재정난을 겪다가 1926년 8월부터 휴간한 끝에 폐간되었다. 같은 해 10월 그는 정주 오산학교 교장으로 부임했다. 이광수가 이전에 교사 생활을 했던 학교다.

그해 겨울은 신간회 논의가 있던 시기로, 이 활동에 참여하기 위해 홍명희는 1년이 채 안 돼 오산학교 교장을 사임했다. 동아일보사의 여성 기자인 최의순은 1928년 홍명희 집안의 분위기를 "옛 학자의 살림살이"와 같으며 홍명희를 "남을 높이고 자기를 낮추는 분"이라고 했다.

학자이면서 문인인 홍명희가 1920년대 중후반에 민족운동의 최전선에 나섰던 이유는 무엇인가? 그리고 그가 쉼 없이 연구를 계속한 신사상은 무엇이며, 이러한 그의 입장이 이광수, 최남선이란 다른 두 명의 동경삼재와 어떠한 차이를 보인 것일까? 이러한 것은 당대 사회주의사상과 이를 기반으로 한 민족운동을 바라보는 입장의 차이에서 기인했다.

민 족 운 동 의 새 로 운 방 안

사회주의의 소개와 수용

1926년 6·10만세운동 이후 체포를 피한 조선공산당 관계자들은 같은 해 12월 조선공산당 제2차 대회를 개최하고 조직을 정비했다. 그러다가 1928년 2월에 책임비서였던 김철수가 일제 경찰에 쫓기게 되었다. 그는 새벽에 정신없이 도주하던 중 "앞만 보고 최남선 씨 집으로 갔어"[1]라면서 그곳에서 20일 정도 지내다 나왔다고 회고했다.

그는 최남선의 집을 일제 경찰이 수색하지 않을 것이라고 생각했다. 그리고 비록 최남선이 일제의 지배 정책에 동조하더라도 민족운동을 하고 있는 자신을 고발하지 않을 것이라는 믿음이 있었다. 결국 국내와 일본에서 관련자 30여 명이 검거되었는데도 김철수는 체포되지 않았다.

1920년대는 민족운동이 활발하게 일어났던 시기다. 1920년대 전반 민족적 차원에서 물산장려운동과 민립대학 설립 운동이 전개되었다. 또한 노동자·농민·학생·청년의 대중운동과 함께 백정의 권익을 도모한 형평운동도 일어났다. 이러한 운동의 배후에는 민족주의 계열과 사회주의 계열이 존재했다.

민족주의 운동과 사회주의 운동의 활성화

일상생활에서는 학연, 지연 혹은 취미 등 다양한 요소가 뒤섞이면서 사회 공동체 구성원 사이에 구분이 생긴다. 정치적 관심과 성향에서 생긴 입장 차이를 흔히 여당과 야당, 좌와 우, 급진과 보수 등으로 구별해서 표현한다. 좌와 우의 구분은 프랑스혁명 당시 급진과 온건의 정치적 집단이 배치되었던 위치에서 비롯되었다.

일제강점기 민족운동 세력은 자본주의적 발전 전망을 지닌 민족주의 계열과 사회주의 혁명을 지향했던 사회주의 계열로 구분된다. 나아가 민족주의 계열에서도 일제의 정책에 대한 대응에서 비롯된 비타협적 민족주의(민족주의 좌파)와 타협적 민족주의(민족주의 우파)로 나뉜다.

일반적으로 자본주의의 반대는 사회주의이며, 민족주의의 반대는 세계주의(국제주의)라고 할 수 있다. 그런데 일제강점기 민족운동은 민족주의 계열과 사회주의(혹은 공산주의) 계열로 대비되었다. 따라서 민족주의 좌우파의 분류에는 다양한 기준이 적용되었다. 당대 민족운동 전선에서는 사회주의자의 경우에도 마르크스주의와 레닌주의에 관한 신념의 차이, 신간회에서의 사회주의 세력과의 연대 문제 등이 쟁점이 되었다.

일제강점기 민족주의 계열에서 좌와 우의 구분은 첫째, 사회주의에 관한 긍정과 부정의 인식 차이 둘째, 일제 정책에 대한 타협과 비타협으로 구분된다. 타협적 집단이란 일제가 제시한 자치론, 내정독립론內政獨立論 등을 인정했던 정치 세력을 말한다. 이들 타협적 민족주의 세력 가운데 일부가 1930년대를 거치면서 점차 친일 세력이 되었다.

1920년대 중후반 이후 홍명희는 사회주의 계열과 가까웠던 비타협적 민족주의자였다. 해방 후인 1948년의 기록이지만 홍명희는 자신의 정치적 입장을 "8·15 이전에 내가 공산주의자가 못 된 것은 내 양심 문제였고 공산주의가 무엇인지도 모르면서야 공산당원이 될 수가 있나요. 그것은 창피해서 할 수 없는 일"[2]라고 밝혔다. 반면 최남선과 이광수는 타협적 민족주의(민족주의 우파) 진영에서 활동했다.

개조론과 사회주의에 관한 이해 심화

어떤 정치적 입장을 선택하느냐가 한 인물을 규정하는 절대적인 요소가 될 수 있는가? 일제강점기 민족주의 계열과 사회주의 계열은 서로 교유할 수 없을 정도의 간극인가? 민족주의 계열은 사회주의에 관해 비판적인가? 반대로 사회주의 계열은 민족주의에 관해 비판적인

가? 민족주의 우파와 친일파 사이의 구분은 어디서 비롯되는가? 이러한 여러 질문에 관한 명쾌한 기준과 정답은 없다. 구체적으로 어떤 인물이 왜 그러한 정치적 입장과 선택을 했는지 확인하기는 쉽지 않다.

민족주의 계열과 사회주의 계열을 구분하는 사회주의에 관한 긍정과 부정의 문제도 그러하다. 민족주의 계열은 사회주의사상에 비판적이었다. 그럼에도 불구하고 민족주의 계열의 언론 매체에서도 마르크스와 사회주의를 긍정적으로 소개하는 글이 많았다.

「민족개조론」을 발표해서 사회적 비판을 받았던 이광수는 1924년 10월에 『조선문단』을, 1926년 5월에 잡지 『동광』을 발행했다. 특히 『동광』은 수양동우회修養同友會의 기관지였다. 주요한의 회고에 따르면, "본국에 있는 수양동맹회와 미주의 흥사단 본부가 공동으로 이를 유지 발전케 하기로 지시 … 서대문정西大門町에 있는 이광수의 집 뜰 아랫방에 『동광』 잡지 사무실을 내고 나는 『동아일보』에서 퇴근하면 곧장 그리로 가서 잡지 편집을 했다"라고[3] 밝혔다. 그는 1926년 11월 『동아일보』 편집국장이 되어 민족주의 계열의 대표적인 이론가로 활동했다.

『동광』은 민족주의 계열의 대표적 잡지였지만 사회주의를 긍정적으로 소개하기도 했다. 「사회주의란 무엇인가」란 번역물이 『동광』 7호(1926. 11)부터 연재되었고, 1931년 6월 간행된 『동광』 22호에서는 「사회개조의 제諸 사상」을 소개하면서 마르크스주의는 '과학적 사회주의'이며, 마르크스는 "프롤레타리아트의 입장에서 역사를 유물변증법으로 인식하고 프롤레타리아트의 역사적 임무를 명백히 선언"

한 인물이라고 평가했다.

『동광』에는 사회주의를 긍정적으로 소개한 번역물과 기고물이 연재되었고 사회주의를 소개한 책 광고도 실었다. 1927년 4월에 간행된 12호의 신간 소개란에 "사회주의의 비조鼻祖 칼 마르크스의 생애와 학설을 명료히 쓴 책"이라면서 『맑스 사상과 그 생애』란 책을 소개했다. 비조는 어떤 일을 가장 먼저 시작한 사람을 의미한다. 그렇다면 이광수가 주관하던 민족주의 계열의 대표적인 잡지 『동광』에서 사회주의를 긍정적으로 소개한 것을 어떻게 이해해야 할 것인가?

이광수는 3·1운동 직후인 1920년대 초반 사회주의란 새로운 실험에 호기심과 기대감을 가지고 있었다. 1917년 러시아혁명에 관해서도 독립과 연결시켜 긍정적으로 이해했다. 1920년 2월 말, 그는 상해에서 조직된 재상해유일학우구락부在上海留日學友俱樂部의 세 사람의 간사 가운데 한 명이었다. 같은 해 3월 초, 이 단체 주최로 열린 강연회에서 그는 「볼셰비즘」이란 제목으로 강연을 했다.

비록 국외에서 이루어진 일이지만 1920년 3월 『독립신문』에 소개된 이 강연은 공개적으로 레닌과 볼셰비즘을 가장 일찍 소개한 것 가운데 하나다. 그는 사회주의를 "정치적으로 귀천의 구별이 없이하자. 경제적으로 빈부의 구별을 없이하자"라고 한 당대 사조의 하나라고 보았다.

특히 러시아혁명을 이끈 볼셰비즘을 "칼 마르크스에 기원을 시작한 사회주의의 일파이니 레닌, 트로츠키로서 대표하는 자요 사회주의 중 가장 철저함을 대표"한다고 했다. 또한 러시아혁명이 "인류에게

1919년 러시아 붉은 광장에서 행진하고 있는 레닌.

재산의 자유와 평등을 주기를 표방"했던 '경제 혁명'이었던 점을 강조했다. 그리고 "전 세계에 이 경제 혁명의 맹렬한 불꽃이 일어날 날이 머지않으리라. 일본 내에서도 이미 무수의 작은 봉화가 일어나지 아니하느뇨"라고 전망했다.

러시아혁명이 민족해방운동과 어떻게 연결되는 것일까? 이광수는 같은 글에서 "우리의 운동은 다만 단순한 일본에게서 독립운동뿐 아니오, 실로 신국가, 신사회의 건설운동이니 현대에 세계의 민중을 움직이는 모든 사상을 잘 연구하여서 국가를 완전한 기초 위에 준하도록 노력"해야 한다고 주장했다. 그는 사회주의를 통해 식민지에서의 해방뿐 아니라 새로운 국가 건설의 방향에 도움을 얻고자 했다.

이광수는 1924년에도 러시아혁명을 긍정적으로 소개했다. 그는 역사의 진화를 믿는다고 전제한 후 러시아혁명에 참가한 사람들의 희생과 노력을 "모든 의인義人의 피"[4]라고 평가했다. 이러한 민족의 독립을 위해 신사조인 사회주의사상을 잘 연구해야 한다는 입장은 최남선에게도 나타난다.

민족주의와 사회주의의 대립 혹은 경쟁의 시기에 출판과 언론 활동을 했던 최남선의 정치적 입장과 노선이 어떠했는가는 단정할 수 없다. 하지만 그가 주관한 잡지 『동명』을 보면 세계 개조의 시대에 신사조라고 사회주의를 이해했고 번역 등을 통해 이를 적극적으로 소개했다.

민족주의와 사회주의의 합치점 모색

물론 최남선은 민족주의 계열의 인물로 일제에 대항하는 민족주의적 입장에서 물산장려운동을 지지했다. 하지만 최소한 학술적으로는 사회주의를 적극적으로 수용해야 할 사상으로 보았다. 나아가 1923년 사회주의자와 민족주의자의 대립 양상을 보였던 조선청년연합회의 분규와 관련해서, 『동명』의 입장은 1923년 4월에 발표된 「오직 출발점이 다를 뿐―민족운동과 사회운동의 합치점」에 드러냈다.

이 글에서 민족주의 계열과 사회주의 계열 사이에 합의점을 찾고자 했다. 당시 사회주의자들은 민족주의자가 자본주의에 대한 비판의식이 없다고 주장하곤 했다. 이에 관해 식민지 민족주의는 "자본주의의 폭위暴威를 시인할 정도로 그 정신이 거세되지도 않았을 것이요, 계급의식이 몽롱할 정로도 건망증에 정신을 잃지 않았을 것"이라고 해서 민족해방운동의 하나임을 전제했다.

계속해서 이러한 민족주의의 건강성은 "제국주의·침략주의에 참담한 경험과 세례"를 받았기 때문이라고 했다. 그리고 우리가 "아무리 민족적 자립, 민족적 자결을 역설하고 이에 혼신의 노력을 바칠지라도 결코 자본주의나 계급주의를 시인할 수 없을 것"은 당연하다고 했다. 따라서 "민족운동과 사회운동의 일치점을 힘써 찾을 수 있어서 어떤 모순을 느끼지 않는"다고 밝혔다.

최남선은 자본주의-민족운동, 계급주의-사회운동이라는 이분법이 아니라 '민족적 자립', '민족적 자결'을 강조하면서 1920년대 전반기 대립의 양상을 보인 민족운동과 사회운동의 일치점을 찾고자 했다. 하지만 기본적으로 그는 민족운동 진영의 인물이었다. 그는 1925년 9월 8일 자 『동아일보』에 게재한 「자기 망각증」에서 "조선 이해의 제일 단위인 민족적 토구討究와 조선 해방의 제일 기준인 민족운동"을 언급하며 민족주의를 토대로 해야 한다고 강조했다.

한편 홍명희는 『시대일보』가 폐간된 후인 1926년 10월 정주 오산학교 교장으로 부임했다. 당시 그는 사회주의에 관한 직접적인 글을 남기고 있지 않지만 신사상연구회, 화요회 등 사회주의사상 단체에 적극 참여했다. 아울러 사회주의 관련 원서를 얻어다가 읽고 일본 사회주의 이론가인 가와카미 하지메와 야마카와 히토시 등의 책을 샀다고 한다.[5] 그리고 사회주의 단체의 통일전선적 성격을 지닌 정우회 회원으로 계속 활동했다.

또한 홍명희는 1926년 2월 발표한 「신흥 문예의 운동」이란 글에서 새로 일어나고 있는 '신흥 문예'는 "실로 유산계급 문학에 대항하여 일어난 문예가 아니면 안 될 것"이며, '유산계급 문학'이 "생활에서 분리된 문학"인 반면에 이에 대항한 "생활과 디렉트direct한 관계를 가진 문학이어야만 할 것"이라고 주장했다. '신흥 문예'는 노동자계급의 문학인 프롤레타리아 문학으로 불렸다.

그는 거듭 같은 글에서 "사회 변혁, 계급 타파의 사상은 한 입으로 말하면 경제사상의 발현이니 이것을 중심 사상으로 한 문예가 마르크스·엥겔스로부터 계통받은 사회주의 경제사상을 다분히 가질 것"은 당연하다고 보았다. 그리고 '신흥 문예'는 "구舊계급에 대항한 신흥계급의 사회 변혁의 문학"[6]이라고 표명했다.

홍명희는 사회주의사상과 프롤레타리아 문예가 지닌 역동성에 주목했다. 하지만 조선 문학계의 향후 전망에 대해서는 부정적이었다. 그는 1927년 1월 『조선문단』의 「문단 침체의 원인과 대책」이란 설문 조사에 응했다. 이 글에서 조선 문학계의 침체 원인을 "문사들의 물질적 생활이 극도로 불안정한 것"이 가장 큰 이유라고 진단했고, 대책은 "모르겠다라고 대답할 수밖에 없습니다"라고 답변했다.

사회주의사상을 적극 수용하고 사상 단체에서 활동했다고 홍명희를 사회주의자라고 규정할 수는 없다. 왜냐하면 그의 사상적 외연은 매우 넓었고, 비타협적 민족주의자가 중심이 된 '조선사정조사연구회'에 참여하기도 했기 때문이다. 이 연구회는 1925년 9월에 조선 사회의 각 분야를 연구한다는 목적으로 백남운, 안재홍 등 사회주의 계열과 비타협적 민족주의 계열이 함께 참여하여 결성된 학술 단체였다.

1920년대 조선인의 언론과 출판 활동을 허가한 '문화정치'의 실체는 일제 권력의 검열과 통제에서 찾을 수 있다. 앞서 홍명희가 "모르겠다"가 아니라 "모르겠다라고 대답할 수밖에 없습니다"라고 한 것도 문단 침체의 원인과 대책은 일제의 지배와 그로부터의 해방에 있음을 에둘러 표현한 것이리라. 국내에서 민족운동을 하기란 쉽지 않았다. 특히 1925년 일제가 제정한 '치안유지법'은 실행에 옮기지 않은 것도 처벌할 수 있다고 해서 민족운동가의 실천 활동뿐만 아니라 계획과 생각까지도 제한했다. 각자의 이념을 선택하는 과정에서 이제 동경삼재는 민족운동의 진행 과정과 일제의 지배 정책의 변화를 중요 변수로 고려하게 되었다.

갈림길

민족운동 노선의 분화와 신간회 활동

최남선은 1926년 창작 시조집 『백팔번뇌』를 출판했다. 그에게 시조時調는 조선적인 정서를 잘 담고 있는 우리나라 고유의 문학 형식이었다. 이 책은 모두 108편의 시조가 수록되어 있는 근대 최초의 개인 창작 시조집이다. 『백팔번뇌』에는 박한영, 이광수, 정인보, 홍명희 등이 발간을 축하하는 글을 실었다. 박한영은 불교계의 큰 스님이었고, 정인보는 연희전문 교수로 국학 연구자였다.

동경삼재의 한 명인 홍명희는 최남선과 자신은 "20년 전부터 서로 사귄 친구"라고 밝혔다. 그리고 "사상이 서로 통하고 취미가 서로 합하여 길을 갈 때 어깨 겯고 거닐며 세태를 같이 탄식도 하고 서실에 배를 깔고 엎드려 서적을 같이 평론도 했다"라고 긴밀했던 교유 관계를 피력했다.

이런 두 사람이 1920년대 중반에 이르러 "흩어져서 오랫동안 서로 만나지 못했고, 서로 만나지 못하는 동안에 두 사람 사이에 있던 차이는 두드러지게 드러났다"라고 표현했듯이 둘 사이에 관계가 소원해졌다. 한말 일제 초 비슷한 삶의 궤적을 걸었던 이들 사이에 정치적 입장이 점차 벌어진 것이다.

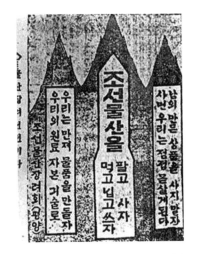

평양 조선물산장려회에서 발간한 물산장려 홍보 전단.

'치안유지법'과 민족운동의 분화

1920년대 중반 이후 민족주의 계열의 민족운동인 물산장려운동과 민립대학 설립 운동 등은 침체에 빠졌다. 아울러 1925년 일제가 제정한 치안유지법으로 민족운동은 바짝 긴장해 있었다.

치안유지법 제1조는 "국체를 변혁하는 것을 목적으로 결사를 조직하는 자 또는 결사의 임원, 그의 지도자로서의 임무에 종사하는 자는 사형, 무기 또는 5년 이상의 징역 또는 금고에 처한다"라고 되어 있다. 국체國體는 일본 천황제 시스템을 의미하며, 이를 적극적으로 비판했던 사회주의자와 아나키스트는 특히 더 목숨을 걸고 운동에 참여하게 되었다. 민족해방운동의 참여 여부가 중대한 삶의 선택이 되었다.

1925년 6월 발간된 잡지 『개벽』에서는 치안유지법 제정을 앞두고 이후 사회운동의 변화상에 관해 설문조사를 했다. 여기에서 홍명희는 "금후 방침에 대해서는 주의자 그네들이 다 정한 바가 있을 터"라고 해서 치안유지법이 실시되어도 사회주의자의 활동에는 변함이 없을 것으로 전망했다.

같은 글에서 "민족주의자라든지 사회주의자라든지 조선에 있어서는 다른 국가나 다른 민족과 처지와 사정이 특수하니까 각각 주의를 가지고 너 나를 구별하여 파당派黨을 세우지 말고 서로 악수하여 전진하는 것이 좋겠습니다"라고 희망했다. 식민지 조선의 특수한 사정을 반영해서 사회주의자와 민족주의자 사이의 연대를 강조한 것이다.

최남선과 이광수는 마르크스의 사회주의와 레닌의 볼셰비즘을 구분했고 후자의 이념을 받아들이지 않았다. 특히 이광수가 소비에트 러시아와 레닌주의 그리고 이를 지지하는 조선의 사회주의자에 비판적이었다. 1926년 5월 발간된 『동광』 창간호의 사설인 「민족주의와 사회주의」에서 이광수는 민족주의와 사회주의의 관계 개선에 부정적인 입장이었다.

구체적으로 이 사설에서는 당시 "조선에서는 민족주의와 사회주의에 대한 쟁론이 어지간히 성행"한다면서 "사회주의자 측에서는 민족주의라 하면 곧 적으로 본다"라고 해서 민족주의와 사회주의 사이에 반목의 책임은 사회주의 진영에 있다고 했다. 또한 "오직 세계의 인류를 유산계급과 무산계급의 둘로 나누어 각 민족의 무산계급이 각 민족의 유산계급에 대하여 공동전선을 만드는 것으로 이상을 삼는 사회주의자가 민족주의를 싫어하는 것은 당연한 일"이라고 해서 조선인 사회주의자들이 지닌 레닌주의와 같은 국제주의적 요소를 비판했다.

잡지『동광』은 이광수가 주요한과 함께 발행한 것으로 1926년 5월 창간되어 1927년 8월까지 1차 발간되었으며, 1931년 1월 다시 창간되어 1933년 1월까지 통권

40호가 발행되었다. 안창호가 주도한 수양동우회는 1929년 11월 동우회로 개칭되었고,『동광』은 이 단체의 기관지였다. 이렇듯 이광수에게 민족주의는 확고부동한 신념이었다.

최남선은 1927년 4월『별건곤別乾坤』에 실린「반드시 조선심이 생길 줄 아오」에서 조선적인 가치를 부각하기 위해서는 마르크스와 레닌보다도 단군을 '정신계의 지주'로 삼아야 한다고 강조했다. 왜냐하면 그에게 단군은 "인류 경험의 시간적 모든 가치와 조선 사명의 특수적 전체 내용을 넉넉히 담을 수 있는 유일한 용기容器"이기 때문이었다. 그는 사회주의를 '국제주의'라고 규정하고 민족주의와 대비시켰다.

최남선과 이광수에게 비판의 대상이 된 것은 마르크스주의를 포함한 사회주의 일반이 아니라, 레닌주의에 입각해서 조선의 해방을 모색한 조선의 사회주의와 사회주의자였다. 이들 두 사람은 1920년대 초반 새로운 지식의 하나로 사회주의사상을 연구해야 한다고 주장했

지만, 1920년대 중반 들어 프롤레타리아계급의 국제적 연계를 도모한 사회주의자들의 국제주의를 비판했던 것이다.

운동 전선의 통일 모색

이러한 입장의 변화는 1920년대 중반부터 시작된 민족주의 계열과 사회주의 계열 사이의 대결 구도에서 비롯되었다. 사회주의 계열에서도 민족주의 우파 계열이 일제 권력에 '타협적'인 모습을 보여 비난했다. 식민지 조선에서 사회주의운동의 지지 여부를 둘러싸고 동경삼재인 홍명희와 이광수·최남선은 입장이 갈렸다.

일제강점기에 국내에서 수행된 합법적 운동의 한계를 이광수도 알고 있었다. 이광수는 『나의 고백』에서 "국내에서는 독립운동에서 일보 후퇴하여 민족의 단위성을 유지하려는 것"에 민족운동의 목표를 두었다고 했다. 그렇기에 합법적 민족운동의 한계선은 "민족 독립을 싸서 감추고 조선 민족은 조선 민족이요, 다른 아무것도 아니라는 것, 즉 조선 민족은 일본 통치하에 있는 국민일지언정, 일본에 화할 민족이 아니라는 것을 주장하는 한계를 지키자는 것"에 있다고 했다.

이광수의 합법적 운동을 최남선은 동의하지 않았다. 1920년대 중반 이광수와 최남선 사이에는 민족운동의 연대 문제에 일정한 입장 차이가 나타났다. 민족주의를 민족운동의 여러 이념 가운데 가장 우위를 둔 점은 두 사람이 동일하지만, 최남선은 이광수가 포함된 민족

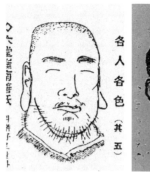

1920년대 최남선과 홍명희의
캐리커처.

주의 우파 진영의 독자적인 정치적 조직 결성의 움직임에는 반대했
다. 점차 동경삼재의 교유 관계도 소원해졌다.

　민족주의 우파 계열의 정치조직체 결성 움직임에 민족주의 좌파와
사회주의 계열은 서로 간의 역량을 합칠 수 있는 방안을 긴급하게 모
색했다. 일제 당국은 이러한 움직임에 주목했다. 구체적인 내용이 경
북도경찰국에서 발간한 『고등경찰요사高等警察要史』에 실렸다. 고등경
찰은 특별히 사상 사건을 담당하고 민족운동의 동향을 감시했다.

　이 책에 수록된 일본 경찰의 정보 수집 내용에는 최남선과 홍명희
가 등장한다. 1926년 말 평안북도 정주에 소재한 오산학교 교장이던
홍명희가 겨울철 휴가 때 서울에 와서 최남선을 방문했다. 밤을 새우
며 그에게 민족주의 우파의 의중을 전해 듣고 자치 문제를 서로 토의
했다고 한다. 비록 민족주의 우파적 성향을 지녔지만 새로운 민족운
동의 조직체 결성을 논의하는 시점에서, 홍명희에게 최남선은 민족주
의 우파 계열의 입장을 들을 수 있는 통로였다. 최소한 최남선은 그의

행로와 활동에 관해 보안을 지켜줄 수 있는 관계였다.

그러나 양자의 정치적 입장은 합치되지 않았다. 최남선을 만난 다음 날 홍명희는 안재홍을 방문하고 신석우를 불러 함께 대책을 협의하여 급속히 민족당民族黨을 조직하기로 결정했다. 화해할 수 없는 강을 건넌 것이다. 안재홍과 신석우는 언론계의 대표적인 비타협적 민족주의자였다. 이들이 생각했던 '민족당'은 독립의 목표에서 이탈하지 않는 민족주의 좌파와 사회주의 계열 사이의 정치조직이었다. 통일전선 조직체를 결성하고자 한 이러한 움직임은 신간회 결성으로 결집되었다.

신간회의 결성과 활동

홍명희는 계속해서 종교계와 민족운동 단체 활동가인 권동진, 한용운, 최익한 등의 찬동을 얻어 조직을 결성해갔다. 그는 이전부터 알고 지낸 북경에 거주하던 신채호에게 연락해서 발기인에 참가시켰다. 그리고 일제 당국과 껄끄럽지 않던 신석우의 교섭으로 신간회가 결성되었다. 신간회란 명칭은 "마른 나무에서 새로운 가지가 나온다"는 '신간출고목新幹出枯木'이라는 말에서 나왔다.

홍명희는 1927년 2월 창립된 신간회 결성에 적극적으로 참여했다. 그는 같은 해 1월 발간된 잡지 『현대평론』에 「신간회의 사명」이란 글을 실어 신간회의 정치적 지향점이 "민족운동만으로 보면 가장 왼편 길이나 사회주의 운동까지 겹치어 생각하면 중간 길이 될 것"이라고 주장했다. 또한 직접적인 언급은 안했지만 이광수를 포함한 타협적 민족주의자에 관해 "사회에서 선각자로 자처하는 이른바 지식계급 인물 중에 개인적 비열한 심계心計로 민족적 정당한 방향을 방해할 자"라고 비판했다.

홍명희는 "산파인 동시에 어머니로 자처"[1]할 정도로 신간회 활동에 적극이었다. 1927년 2월 15일에 열린 신간회 창립대회에서 홍명희는 부회장에 선임되었으나 곧 사임했다. 부회장 대신 조직부 총무간사를 맡아 지회 설립을 지원하는 업무를 책임져 조직을 탄탄하게 만드는 데 주력했다. 이후 그는 1928년 2월 신간회 중앙집행위원, 1929년 7월 신간회 중앙상무집행위원 등에 선임되었다.

1928년 12월 『동아일보』의 여성 기자 최의순은 홍명희의 집을 방문했다. 신문 연재물 「서재인 방문기」의 하나였다.[2] 그녀는 홍명희의 집에서 옛 학자의 살림살이를 보았고, 그의 인상에 관해 "겸손한 태도, 부드러우면서도 엄한 기운의 음성"을 지니고 "남을 높이고 자기를 낮추는 분"이라고 표현했다.

인터뷰에서 홍명희는 생활난을 언급했다. 이에 대해 기자는 "현 조선인 학자의 설움을 철저히 맛보고 있는 것같이 살펴졌습니다"라고 공감을 나타냈다. 그녀에게 홍명희는 '군자님', '참 학자'였다. 그런 온화한 인상의 그가 신간회 활동에서는 누구보다 적극적이었던 것이다.

새는 좌우의 날개로 난다는 말처럼 민족주의 좌파와 사회주의 계열이 역량을 합쳐 만든 신간회의 활동과 성과는 대단했다. 회원 수는 창립 1주년 만에 2만 명을 돌파했고 최대 4만 명에 이르렀다. 지회도 1927년에는 96개이던 것이 1931년에는 149개까지 증가했다.

국내 최대의 합법적인 민족운동 단체인 신간회는 식민교육 반대, 타협적 정치운동 반대 등의 활동을 전개했다. 특히 1929년 11월 광주학생운동이 일어나자 이를 전국적인 대중 활동으로 전환시키기 위해 같은 해 12월 '민중운동자대회'를 준비했다. 일제는 이를 빌미로 집행부를 와해시켰다. 홍명희는 이 사건으로 2년 넘게 감옥에 갇혔다가 1932년 1월 출감했다.

홍명희가 감옥에 있던 1931년 5월 안타깝게 신간회가 해소되었다. 해소를 주도했던 사회주의 계열에서는 민족주의 계열의 역량을 부정적으로 평가했다. 이들은 민족주의 계열을 타협과 비타협의 구별 없이 '민족개량주의자'라고 비판했다. 그리고 1929년 자본주의 체제의 한계를 보여준 세계대공황이 발생해 조만간 사회주의 사회가 도래할 거라고 정세를 판단했다. 그래서 신간회를 대신할 대중조직을 통한 전위 조직체를 결성할 것이라고 했다.

타협적 민족주의의 대두

신간회가 해소된 직후 민족주의 계열 내부에서는 신간회와 같은 민족 협동 전선이 더 이상 결성되기 어렵다는 비관론과 함께 새로운 조직에 관한 논의가 대두되었다. 이런 상황에서 동경삼재의 입장은 어

박연폭포를 방문하고 찍은 기념사진. 왼쪽에서 두 번째가 이광수, 세 번째가 안창호.

떠했을까? 비록 홍명희는 감옥에 있었기에 새로운 조직체 결성에 관한 논의에 참여하지 못했지만 신간회의 필요성을 강조했던 그는 사회주의 계열과의 새로운 조직 결성 논의에 동조했을 것이다. 한편 「자열서自列書」에서 '학자'의 길을 걷겠다고 밝힌 최남선은 정치적 입장이 배제된 조선 역사와 문화 연구에 관한 글을 조선총독부 기관지인 『매일신보』에 집중적으로 실었다.

이광수는 1931년 7월 『동광』에 실린 「지도자론」에서 "조선에는 아직 지도 단체가 없다. 신간회가 그것으로 자임했으나 해소라는 것으로 아무것도 하지 못한 중에 스스로 사라져 버렸다. 그 밖에 아직 유력하게 지도 단체라고 자타가 인정할 만한 것이 없다"라고 진단했다.

그리고 안창호와 동우회를 염두에 두면서 "조선 민족이 합리적이요 강력적인 중심 지도 단체가 생기는 날이 진실로 조선 민족이 민족적 신운동, 신생활과 신기원을 여는 날"이라고 전망했다. 이광수의 의도와는 달리 신간회가 해소된 다음 새로운 민족운동 조직체는 결성되지 않았으며 동우회가 이를 대신할 수도 없었다.

이상에서 보았듯이, 1920년대 조선 사회에 분열을 획책했던 일제의 '문화정치' 속에서 동경삼재는 각기 다른 정치적 선택을 했다. 갈림길은 민족해방운동의 한 축인 사회주의 계열과의 관계 설정에서 비롯되었다. 사회주의에 우호적인 홍명희는 비타협적 민족주의자의 길을 걸었던 반면에 이광수와 최남선은 민족주의 계열의 입장을 고수했다.

1920년대 중후반 민족주의 좌우파로 나뉘어 이루어진 사회적 활동과 비례해서 이들 동경삼재 사이의 거리는 더욱 벌어졌다. 이광수는 타협적 민족주의자의 일원으로 일제가 허락하는 범위에서의 '자치'를 주장하는 방향으로 전환했다. 최남선은 단군과 불함문화론 연구를 통해 일본인 학자의 조선에 관한 연구에 학문적으로 대결하고자 했다. 그러나 정치적 입장이 탈각된 학문 연구는 1928년에 조선총독부 산하 관변 단체인 조선사편수회의 참여로 귀결되었고, 결국 일제의 조선 지배를 합리화한 '식민사관'을 옹호하기에 이르렀다.

1930년대에 들어가면서는 신간회와 같은 현실적 민족운동 조직체가 없다 보니 민족주의 계열과 사회주의 계열은 보다 첨예한 이념상의 대립을 보였다. 실제로 동경삼재는 서로의 기록에서 상대방을 더 이상 언급하지 않는다. 사회주의자의 전위당 결성 노력에 대항하여 최남선은 민족적 가치를 다시 강조했고, 이광수는 파시즘의 '효율성'을 긍정적으로 평가했다.

논쟁의 중심에 이광수가 있었다. 1930년 10월부터 『동아일보』에 연재된 소설 「혁명가의 아내」에서 이광수는 민족운동 전선에서 탈락해서 병이 든 조선인 사회주의자를 비판적으로 묘사해서 사회적 논란이 되기도 했다. 나아가 그는 사회주의 계열이 조선의 특수성을 부정하며 소비에트러시아의 입장을 추종한다고 비판했다.

1932년 2월 『동광』 30호에 실린 「조선 민족운동의 3기초 사업」에서 이광수는 민족을 '영원의 실재'라고 표명하면서, 이러한 민족에 부정적인 사회주의자들을 '얼치기 맑시스트'라고 규정하고 이들을 중국 명나라를 "조국이라고 부르던 자와 같은 노예 사상을 가진 무리"라고 규정했다. 심지어 "민족이란 말을 기피하고 욕보이는 자는 마땅히 민족의 죄인"이라고 했다. 그가 '노예'와 '죄인' 등으로 묘사한 사회주의자들에게는 조국이 없다고 비판한 것이다. 더 이상 공존은 불가능해졌다. 1929년 세계대공황과 1931년 만주사변을 거쳐, 1937년 중일전쟁 이후 전시체제기에 들어가면 동경삼재는 정치적 입장을 완전히 달리하게 된다.

정 치 운 동 의 대 안

1930년대 조선학 운동 참가

신간회가 해소된 이후 국내에서 합법적인 정치 운동은 불가능해졌다. 이러한 상황에서 '조선학 운동'은 민족운동의 돌파구가 되었다. 정치의 부재를 문화가 대체한 것이다. 새로운 학문 연구 경향인 조선학 운동은 구체적으로 1934년 안재홍·정인보가 『여유당전서與猶堂全書』를 함께 교열하고 간행한 것이 계기가 되었다. 두 사람은 비타협적 민족주의자였으며, 안재홍은 신간회 활동에 적극 참여하기도 했다.

이후 조선학 운동은 실학적 전통이 부각된 학술 활동을 넘어서 넓게는 당대에 진행된 조선의 역사와 문화에 관한 일련의 새로운 해석과 정의를 의미했다. 이러한 조선적인 것에 관한 문화 학술 운동의 연원은 1928년 홍명희의 소설 『임꺽정전』의 집필에서 찾을 수 있다.

조선적 정서와 『임꺽정전』

잡지 『삼천리』를 발간했던 시인이자 출판인이던 김동환은 홍명희가 『임꺽정전』을 집필했던 이유를 『조선일보』와 『동아일보』의 경쟁에서 찾았다. 그는 "『동아일보』에서는 춘원 이광수를 움직여 김종서 등 사육신의 충의로 일관되던 「단종애사端宗哀史」를 집필케 하여 독자에 대한 최대의 선물로 선전에 열중하던 때이므로 『조선일보』 또한 역사에 정통하고 많은 책을 읽지만 적게 쓰는 것으로 지식사회에 이름이 크던 벽초 홍명희를 움직여 『임꺽정전』을 쓰도록 하여 경쟁"[1]하도록 했다고 보았다. 당시 조선일보사에 재직했던 그의 판단이었다.

홍명희는 신간회 활동을 하던 1928년 11월 21일부터 『조선일보』에 소설 『임꺽정전』을 연재했다. 계속해서 김동환은 임꺽정을 "기성 권위에 반항하려던 조선 중기 야사野史 속 두각을 나타낸 흥미의 인물"로 평가하고, 홍명희에 관해서도 "조선 사회가 부여하여준 의무로 알았는가 쉽게 붓을 잡지 않는 그는 이 소설만에는 전심전력을 드리는 모양"이라고 전했다. 홍명희도 이 소설에 집중했고 매일매일 연재해야 할 글이 늦어질 경우 신문사에서 일하는 사람을 문 앞에 세워놓고 원고를 마무리했다고 한다.

1929년 12월 홍명희가 '민중운동자대회' 사건으로 투옥되자 연재가 모두 중단되었다. 김동환은 회사의 부탁을 받고 다음 날 일본 경찰을 방문해서 집필 허가를 내달라고 교섭했다. 그 결과 "만년필과 원고지를 차입했고 그리고 그다음 날 아침에 그야말로 신속하게 하룻밤만에 6회분의 『임꺽정전』 상편 결말 원고를 찾아다가 신문에 실은 일이 있었다. 이것이 조선에서 옥중 작품 집필의 첫 기록"이라고 해서 홍명희의 신문소설만 특별히 허가되었다고 밝혔다.

감옥에서 글을 쓴다는 것이 쉬운 일은 아니겠지만, 홍명희의 소설이 감옥에서 원고 집필이 가능했던 첫 번째 사례라는 것은 조금 과장된 이야기다. 당대 조선인 사회가 그만큼 관심이 많았다는 사실을 반영한 것이다. 삽화가 안석주가 "조선에서 신문소설을 집필한 분과 하는 분으로는 벽초 홍명희와 춘원 이광수가 맹주盟主"[2]라고 한 것에서 두 사람의 문학적 위상을 알 수 있다. 시인 모윤숙도 『임꺽정전』을 읽고 "조선적 향토성鄕土性을 많이 발견하게 되니까 여간 반가운 감을 주는 게 아니에요"[3]라고 했다. 그렇다면 왜 홍명희는 수감된 상황에서도 이 소설을 계속 집필하고자 했을까?

우선 홍명희는 자유로운 정치 활동을 제대로 할 수 없게 되어 그의 대표적 저작물인 『임꺽정전』을 『조선일보』에 연재하기 시작했다. 그는 스스로 "지금 조선의 현상으로 보아서 다른 문화면이 응고되어 있으니 생동하는 맥으로 발달할 것은 오직 문학밖에 없다고"[4] 생각했다. 그리고 『임꺽정전』을 통해 조선 정조를 찾고자 했다.

홍명희는 1933년 9월 잡지 『삼천리』에 "조선 문학이라 하면 예전 것은 거지반 중국 문학의 영향을 많이 받아서 사건이나 담기어진 정조들이 우리와 유리된 점이 많았고 그리고 최근의 문학은 또 구미 문학의 영향을 많이 받아서 양취洋臭가 있는 터"라고 조선 문학계를 평가한 것을 보면 『임꺽정전』을 쓴 이유를 알 수 있다. 양취는 서양 냄새 곧 서양식 문학 스타일을 의미한다. 그래서 이 소설은 "사건이나 인물이나 묘사로나 정조로나 모두 남에게서는 옷 한 벌 빌려 입지 않고 순純조선 거로 만들려고" 했다고 한다. 그리고 자신의 목표를 거듭 '조선 정조에 일관된 작품'을 쓰는 것이라고[5] 밝혔다.

민중의 이야기 『임꺽정전』

그렇다면 작품의 소재가 왜 임꺽정이었을까? 소설을 집필한 직후인 1929년 6월 한 잡지를 통해 홍명희는 "임꺽정이라는 인물에 대하여 홍미를 느껴온 지는 이미 오래였습니다. 가장 학대받던 백정계급 그가 가슴에 차 넘치는 계급적 □□의 불길을 품고 그때 사회에 대하여 □□를 든 것만 하여도 장한 쾌거 … 백정의 단합 … 의적義賊 모양으로 활약 … 이러한 인물을 현대에 재현[6]하고자 했다고 밝혔다. □□은 검열에 의해 삭제된 부분으로 아마 반역, 혁명, 변혁 등의 용어였을 것이다.

홍명희는 오래전부터 학대받는 계급과 의적에 관심이 많았다고 했다. 해방 후인 1946년의 기록에서, 그는 일제강점기란 정치적으로 제약된 상황에서 조선 민중의 이야기를 쓰고 싶었다고 했다. 그는 궁중 비사秘史는 민중과 아무런 관련이 없다고 하고 "문학자가 민중을 지도한다는 긍지를 가져야 할 것이요 군중에게 영합한다든가 혹은 어떤 세력에 아부한다든가 해서는 진정한 문학작품이 나올 수 없을 게요"[7]
라고 역설했다.

　해방 후 『임꺽정전』을 쓴 배경에 대해서 홍명희는 "그건 다 신사상
의 덕택"[8]이며 러시아 문학을 읽은 덕분이라고[9] 밝혔다. 10대부터 읽
은 러시아 문학과 1920년대 수용했던 사회주의적 이념과 활동이 소
설 『임꺽정전』의 자산이 된 것이다.

　역사 속 민중 이야기를 담고 있기에 조선인 대중들은 이 소설에 각
별한 관심을 보였다. 홍명희가 신간회 활동 때문에 감옥에 있던 1931
년, 한 언론 매체는 그를 "양반의 가정에 나서 아직도 양반의 모습 벗
지 못했다. 학자요 세상의 신임이 두터운 사람"이라고 보았다. 그리
고 "사회주의의 연구가 깊은 사람으로 자타가 한때는 그를 사회주의
자로 인정했으나, 화요회에서 이반하여 자기의 그룹이 이루어진 후
의 그의 태도는 민족주의적이었다"라고 1920년대 비타협적 민족주의
자로서의 그의 민족운동 활동을 주목했다. 나아가 『임꺽정전』을 쓰고
있는 그를 거듭 "학자이고, 연구 분야가 문학이며, 현대 조선에서 재
사才士의 이름이 높다"[10]라고 평가했다.

조선적인 시조와 단군 연구

　그렇다면 당시 동경삼재의 남은 두 사람은 어떻게 평가되었을까?
동경삼재는 1900년대 일본 유학을 했지만 1920~1930년대 서양 사

조의 본격적 수용 과정에서 이미 옛 세대로 규정되었다. 세대 사이에 급격한 '구별 짓기'가 생겼다. 1932년에 어떤 언론인은 최남선을 "최근에 이르러 그 명성이 점차 빛을 잃고 색이 바래진 것은 섭섭한 일이다. 조선 사학계에 첫째로 일컬어지는 그는 학력으로도 이렇다 할 것이 없으니"[11]라고 소개했다. 한말부터 1920년대까지 그가 추진했던 조선 역사와 문화 연구, 특히 단군 연구를 인색하게 평가한 것이다.

하나의 민족 공동체를 상상想像하는 것을 민족주의라고 보았을 때, 그 공동체는 타 공동체와 다른 개성 있는 모습 또는 형태를 지녀야 한다. 조선적인 것을 연구하는 조선학은 동일한 한자漢字 문화권 혹은 동북아 문화권에서 조선의 독자적인 문화적 위치를 찾는 작업에서 시작되었다. 독자성의 강조는 우월성과 연결된다. 특히 일제가 조선을 식민지로 만든 이후에는 일본에 대한 문화적 전파 또는 우위가 강조되었다.

최남선은 전통 시대부터 조선에서 일본으로 문화가 전파되었음을 강조했다. 그는 조선 시대의 서적이 일본으로 건너가 일본 문화의 토대를 형성하는 데 영향을 주었다고 보았다. 이렇게 일본에 영향을 미친 조선의 사상과 문화를 최남선은 '조선학'이라고 불렀다. 그리고 조선의 독특한 문학 장르인 시조時調에 주목했다.

1926년 4월에 발간된 『조선문단』 15호에 실린 「조선 국민문학으로의 시조」에서 최남선은 "조선에 있는 유일한 성립 문학"이라고 해서 시조가 지닌 독특성, 유일성에 주목했다. 그리고 시조를 "민족의 독특한 형식으로 그 민족의 독특한 정의情意를 담기에 가장 적합"한 문학

형식이라고 주장했다. 그리고 자신의 역할은 조선의 국민문학인 시조를 "좀 더 밝은 데로 끌어내고, 힘 있게 만들고, 막다른 골목에 길을 터서 새로운 생명을 집어 넣으려함"에 있다고 밝혔다.

또한 조선적인 것에 관한 연구와 관련해서 최남선은 1920년대 대표적인 단군 연구자로 유명하다. 그는 1926년 『동아일보』에 게재한 「단군론」에서 단군과 단군신화에 무관심하거나 비판적인 사회주의 진영은 국제주의에 입각해서 조선적인 특수성을 무시했다고 비판했다. 이 글은 최남선의 대표적인 단군 연구 성과물이었다. 이에 대해 대표적인 사회주의 계열의 사회경제학자인 연희전문 교수 백남운은 최남선의 입장을 역사 발전의 계급성이나 조선 문화의 내면적 특수성을 이해하지 못한 '국수적 특수문화사'라고 규정했다. 최남선을 국수주의자로 본 것이다.

사회주의와 대립각 설정

한편 1920년대 사회주의자들로부터 이광수는 많은 비판을 받았다. 사회주의 계열의 어떤 필자는 민족을 강조한 이광수의 추진 사업이 민족 전체에 얼마나 이익이 있을 것인가 반문하고, "종교가들은 사람이 급하여지면 무조건하고 '하나님이여!' 하고 부른다고 하며 자기의 종교를 선전한다. 이에 이광수는 '조선이여!', '단군하나버니여!' 하면서 새 노예 철학을 수립하려고 한다"[12]라고 비판했다.

『동아일보』 편집국장 시절의 이광수(앞줄 왼쪽에서 세 번째).

사회주의 계열의 잡지인 『비판』에서도[13] 이광수를 "옛날의 뜨겁던 정열은 다시 찾아볼 수가 없다. 그리고 그의 글에서도 찾아볼 수가 없다. 그의 뜨겁던 열熱은 다시 그에게 영원히 찾아보지 못하고 그저 말 것"이라고 단정 지었다. "춘원은 벌써 늙었는가"라고 물으면서 "이미 노성老成의 대가로 자처하여 일편의 자서전을 초抄하는 것으로 일생을 마치려하는가"라고 비판했다. 그러면서도 "만일 전날의 열정이 남아 있거든 시대 뒤떨어진 '유심사관唯心史觀'에 헛된 윙크를 허비치 말고 옛날과 같이 젊은이들의 가슴을 움직이게 하는 글이 다시 나오게 하여 주지는 못하겠는가"라고 아쉬움을 피력했다.

물론 민족주의와 사회주의란 이념만이 당대 인간관계를 설명하는 절대적인 지표가 될 수는 없다. 일제강점기에는 출생 및 활동 지역을 근거로 기호파, 서북파 등 지역적 구별 의식이 있었다. 민족주의 계열 안에서 평안도 출신인 이광수와 서울과 경기 지역의 신흥우·유억겸 사이에는 거리감이 있었다. 윤치호는 1931년 1월 8일 자 일기에서 자신은 항상 "지역 갈등과 파벌 투쟁으로부터 거리를 두려고 애써왔다"라고 하면서 자신은 이광수를 좋아하는데 신흥우와 유억겸은 그렇지 않다고 썼다.

지역적 거리감은 정치 활동에도 반영되었다. 이광수는 1933년 동아일보사 편집국장에서 물러나 조선일보사 부사장이 되었다. 윤치호는 1933년 10월 2일 자 일기에서 "물론 이것이 잘못되었다는 건 아니다"라고 밝히면서도 『동아일보』 관계자에게는 "배은망덕한 행동"으로 비난받고 있다고 했다. 『동아일보』는 호남 지역에 근거를 둔 반면에 『조선일보』는 서북 지역의 자본으로 세워졌다. 그러기에 윤치호는 『조선일보』를 '서북파의 기관지'라고 표현하고, 이광수가 이에 참가했다고 보았다.

1930년대 초반 동경삼재 사이에 민족운동에 관한 전망 차이는 이후 동경삼재의 각 삶에 간격을 크게 벌어지게 했다. 1920년대 홍명희가 한때 사회주의적 입장을 지녔고 이후 비타협적 민족주의자의 길을 걸었던 반면, 이광수와 최남선은 타협적 민족주의 계열의 입장을 지녔다. 그래서인지 1910~1920년대 긍정적으로 평가된 최남선과 이광수의 활동이 점차 과거형이 되고 말았다.

1930년대 중후반 학문적 영역에서 일제의 관변 이데올로기와 대항하고자 했던 조선학 운동이 전개되었던 시점에 홍명희가 『임꺽정전』을 통해 이러한 흐름에 동참했다면, 이광수와 최남선은 조선 민족 단위의 고민에서 이탈하기 시작했다. 이들 두 사람은 심지어 일본 중심의 문화권 논의에서 조선 문화를 하나의 지역 단위로 축소시키거나 조선 문화의 일본화를 주장하기에 이르렀다.

제 4 부

동경삼재의 선택

만주사변과 민족 공간의 확대

1934년 8월 15일 자 일기에서 윤치호는 최남선을 한때 청년들의 우상이었는데 지금은 '암癌적인 존재'로 전락했다고 했다. 나아가 "최근에 최군은 조선인들과 일본인들의 신성한 기원에 공통점이 있다는 걸 증명하려 한 「신 그대로의 태고를 생각한다」라는 팸플릿을 발간했다. 일본인들은 그를 위해 1만 원을 들여 집 한 채를 짓고 있다"라고 적었다. 비록 명성이 떨어졌다고 하더라도 청년들이 그를 '암적 존재'라고까지 표현했다니 놀랄 일이다. 게다가 일본인이 집을 지어준다는 소문까지 돌았다. 도대체 어떤 일이 있었던 것일까?

1929년 세계대공황이 일어났다. 미국 뉴욕 주식시장의 주가 폭락으로 시작되어 전 세계적으로 경제에 큰 악영향을 미쳤기에 대공황이라고 불린다. 이는 생산과 수요의 불균형이 원인으로 산업 생산의 위축과 일자리 감소 등으로 이어졌다. 1929~1933년 사이에 미국에서 파산한 은행은 전체의 5분의 1인 5천여 개에 이르렀고, 실질임금도 매년 35퍼센트가 감소했다. 심지어 굶어죽는 사람마저 생겨났다.

공황을 타개하기 위해 다양한 모색이 이루어졌다. 식민지가 많았던 영국의 경우는 식민지와 모국 영국 사이의 폐쇄적인 무역 관계를 만들었다. 이를 파운드블록이라고 한다. 미국의 루즈벨트 대통령은 뉴딜 정책을 통해 자국에서 활용할 수 있는 풍부한 자원을 가지고 미국 안에 대규모 토목공사를 일으켜 일자리와 소비를 활성화했다.

일본 군국주의의 대두와 암중모색

반면 식민지도 많지 않고 자국 내에 자본이 부족한 후발자본주의 국가였던 독일, 이탈리아, 일본과 같은 나라들은 공황을 타개하기가 쉽지 않았다. 이들은 효율성이란 명목 아래 권력을 집중시킨 파시즘 체제로 다른 나라의 식민지를 침략하는 방식을 택했다. 일본 제국주의도 만주사변(1931), 중일전쟁(1937)에 이어, 진주만공격(1941. 12)과 태평양전쟁을 일으켜 세계대공황에서 벗어나고자 했다. 이러한 침략 전쟁의 확대는 자국 국민의 희생은 물론 식민지 조선 사회의 인적·물적 동원을 요구했다.

일제가 파시즘의 하나인 군국주의軍國主義에 입각한 침략 노선을 선택하자 국내 민족운동은 새로운 전환점을 맞이했다. 1931년 신간회의 해소 이후 사회주의 계열은 비밀리에 대중조직 건설과 이를 토대로 한 전위 조직체인 당黨 건설을 지향했고, 민족주의 계열은 '조선학 운동' 등 합법적 영역에서 민족문화 운동의 방안을 모색했다. 이러한 시대 상황에서 동경삼재는 어떤 생각을 했으며, 어떤 실천 활동에 참여했을까?

홍명희는 '민중대표자대회'로 투옥되었다가 1932년 1월에 출옥한 이후 계속해서 소설 『임꺽정전』의 집필에 주력했다. 그리고 1935년경 그의 집안 식구들은 마포 강변으로 이사를 갔다. 당시에 마포는 매우 한적한 교외였다. 그곳에서 그는 친구를 만나고 강가에서 낚시질을 하며 소일했다.

1936년 4월 『삼천리』의 한 기자는 이런 생활을 하던 홍명희와 인터뷰를 했다.[1] 기자는 "반도 사회 문화선 위에서 지극히 무거운 짐을 지시고 동분서주 다단한 세파 속에서 지내시던 이 어른이 왜 근래에는 이다지도 시정에 있으면서 세상사를 다만 바라만 보시는 처사處士의 생활을 하는지" 궁금하다고 방문 목적을 밝혔다.

처사는 속세를 떠나 조용히 사는 선비를 말한다. 비록 그가 겉으로는 낚시하는 것으로 보였지만 단순히 숨어 살던 은사隱士가 아니었다. 같은 글에서 그는 모든 세상일에 인상을 찌푸리며, "가난과 모든 불평 가운데 우울한 날을 그날그날 보내는 몸"이라고 자신의 감정을 드러냈다. 그러면서도 자신은 '은자'가 아니라고 했다. 단지 "오늘날에 와서는 객관적 정세가 나로 하여금 이렇게 만들었을 뿐"이라고 밝혔다. 신간회 해소 이후의 그의 생활이었다.

1930년대 중반은 홍명희에게 암중모색의 시기였다. 그는 『임꺽정전』을 쓰면서도, 1920년대 학술 관련 글을 모은 『학창산화』에 이어 1930년대 『양아잡록養痾雜錄』에서 조선의 역사와 문화를 소개했다. 인터뷰에서 확인되듯이, 당시 사람들에게 그는 "객관적인 정세가 크게 변할 때까지 국내에서 종래 신간회와 같은 사회운동은 거의 불가능한 것으로 체험하고, 독서와 『임꺽정전』의 집필에 몰두하는 길을 선택"했다고 비쳐졌다. 또한 1934년 출판된 김정희에 관한 『완당선생전집』과 1939년 출판된 홍대용의 『담헌서湛軒書』 등을 교열했다. 김정희와 홍대용 모두 조선 후기의 대표적인 실학자다.

과거로의 회귀와 현실로부터의 도피

한편 민족 독립에 관한 전망이 사라지면서 일부 민족주의자 안에서 당대 현실을 외면하고 과거 역사와 문화의 화려함을 강조하는 경향이 생겨났다. 최남선과 이광수도 이러한 현실 문제에서 벗어나 회고적 경향에 입각해 일제와 타협하는 정치적 입장을 보이기 시작했다. 특히 전통에 관한 향수는 파시즘적인 요소와 친화력이 강했다.

세계대공황 이후 후발자본주의 국가가 택한 정치체제가 파시즘이었다. 파시즘의 어원은 고대 로마 시대의 지도자인 집정관의 권위를 나타내는 상징물에서 비롯되었다. 독일은 나치즘, 일본은 군국주의, 이탈리아는 파시즘 등으로 불렸지만, 다양성을 바탕으로 한 민주주의

1936년 유리창이 깨진 독일 도시의 유대인 상점.

적 가치를 부정하고 절대 권력자 중심의 효율성을 강조한 점이 공통 특징이었다. 이광수는 이러한 논리에 동조했다.

이광수는 1931년 5월 『동광』에 실린 「야수에의 복귀—청년아 단결 하여 시대 악惡과 싸우자」란 글에서 식민지 조선 사회가 자본주의의 부정적인 요소를 없애기 위해 이탈리아의 파시즘을 배워야 한다고 주 장했다. 구체적으로 "조선과 같이 빈궁이 절박한 민족에게는 부르주 아 말기의 퇴폐 기풍을 허용할 여유"가 없기 때문이라고 보았다. 그러 하기에 조선의 '강건한' 청년 남녀들이 '강건한 정신'을 가지고 조선 을 위해 헌신, 봉사해야 한다고 주장했다.

파시즘은 절대 긍정과 절대 부정의 이분법적 사고에 기반하고 있 다. 외부의 어떤 존재를 비판과 비난의 대상으로 설정하고 이를 통해 자신들 내부의 결속력을 높이고자 했다. 파시즘의 논리는 첫째, 서유 럽과 미국의 자본주의적인 가치관을 배격하고 둘째, 소련으로 대표되는 사회주의를 비판하며 셋째, 자기 공동체의 우월성에 근거한 인종주의를 기반으로 했다. 특히 파시즘 세력은 자신들의 체제 우월성을 강조하기 위해 희생양을 찾았다. 독일 나치즘의 유대인 탄압이 그 대표적인 사례다.

이광수는 앞의 글에서 음란과 사치로 강조되었던 부르주아지의 퇴폐 풍조를 비판하고 "깨끗한 조선, 건전한 조선"을 만들어야 한다고 역설했다. 일반적으로 '깨끗하다'의 반대말이 더럽다, 지저분하다 등 부정적인 표현이므로, 이광수의 깨끗한 것과 더러운 것의 대비 논리가 파시즘과 친화력을 가질 수밖에 없었다. 결국 중일전쟁을 전후한 시점에 그의 논리는 일제의 군국주의를 지지하는 방향으로 나아갔다.

민족과 문화의 구별

한편 1920년대에 조선의 역사와 문화에 관해 적극적인 학술 활동을 했던 최남선은 1928년 조선사편수회에 참여한 이후 일본학자와 경쟁했던 단군 연구를 계속 수행하지 않았다.[2] 심지어 1933년 10월 이상협의 권유를 받고서는 그의 조선 문화와 역사와 관련된 글을 대부분 조선총독부의 기관지인『매일신보』에 실렸다.

『매일신보』에 기고한 최남선의 글을 주제별로 살펴보면 첫째, 넬슨, 이순신, 헬렌 켈러 등의 인물 둘째, 연도별 간지干支를 역사적 사실과 연결시킨 일화逸話 셋째, 조선 문화 관련 괴담, 설화 넷째, 만주와 러시아에 관한 기행문 등으로 구분된다. 또한 이러한 기고문은 정치적 입장이 배제된 '잡학적雜學的' 글쓰기로 일관되었다. 다시 말해 일제와의 학문적 긴장 관계가 사라진 것이다.

나아가 최남선은 일제의 지배 논리에 영합하는 방송과 강연 활동을 본격적으로 시작했다. 경성중앙방송은 1924년 12월 첫 시험 방송 이래 1927년 2월부터 본격적으로 방송을 했다. 그리고 1933년 4월에 이르러서 조선어와 일본어의 이중二重 방송을 했다. 1934년에는 조선은 물론 일본까지 포괄하는 '전국 중계방송'을 했다. 식민지 조선에서 라디오 청취자라는 새로운 문화 소비자가 형성된 것이다.

최남선은 라디오 방송을 통해 조선 문화와 관련된 내용을 청취자에게 전달하고자 했다. 하지만 조선 문화와 일본 문화의 관련성을 언급할 때 일제의 식민 통치 정책에 동조할 수도 있다는 위험이 있었다. 대표적인 것이 1930년 4월 25일부터 26일까지 방송했던 「조선의 신화와 일본의 신화」다.

이 방송에서 최남선은 조선과 일본 사이의 민족적 혈통은 동일하지 않지만 문화적으로 같은 근원을 가지고 있다고 주장했다. 구체적으로 그는 동북아 지역에 여러 민족과 국가는 같은 형태의 건국 설화를 보유하고 있고, "문화적으로 동원同源 관계에 있다는 것은 인정"된다면서 조선과 일본 사이의 문화적 일치를 주장했다. 일본과 조선의 조상이 같다는 '동조동근론同祖同根論'은 아닌 것이 분명하지만 동북아 지역에 동일한 문화권이 있었다는 것은 위험한 논리였다.

1934년 3월 조선사편수회 위원이란 직함을 가지고 최남선은 「신도

神道의 추상追想」이란 제목으로 라디오 강연을 했다. 이 강연에서 그는 중국 문화권과 인도 문화권을 구별해서 '아시아 북계北系 문화권'이란 개념을 구사하면서, 과거에 "동방의 대세계가 숭고한 하나의 문화 계통으로 연계되어 실로 아름다운 정신적 결합을 형성했던 시대"가 있었다고 강조했다.

이 강연은 조선에 거주하는 일본인과 조선인 청취자뿐만 아니라 일본 지역의 청취자도 들었다. 또한 강연 내용은 같은 해 4월 「신 그대로의 태고를 생각한다神ながらの昔を憶ふ」라는 팸플릿으로 간행될 만큼 파급력이 컸다. 그렇다면 '신 그대로의 먼 옛날'을 생각한다는 것은 무슨 의미일까?

최남선은 이 글에서 동방東方에는 하나의 공통된 신도가 있고 동방 민중이 이러한 '정신적 최고 문화가치'를 지켜 나가야 한다고 보았다. 그리고 일본의 신도가 그것을 지켜왔기 때문에 조선, 만주, 몽골 등 동일 문화권의 민족들이 일본의 신도에 귀의해야 한다고 주장했다. 조선과 일본 사이에 '정신적 결합'을 주장한 그의 논리는 민족주의 우파에서도 비판을 받았다.

앞서 언급했던 윤치호는 최남선의 이 글이 조선인과 일본인이 '신성한' 기원에 공통점을 두고 있다는 것을 증명하려는 내용이라고 비판했다. 1935년 12월 9일 자 일기에서 윤치호는 "최남선 군은 태양-태양신 숭배가 조선과 일본 역사의 여명기에 나타난 공통적인 현상이었다고 믿고 있다"라고 거듭 언급했다.

그리고 "조선인들의 영적 생활을 소생시키려면 불교나 유교가 아니라 조선의 건국신화에 귀의해야 한다"라는 최남선의 주장이 "일본인 당국자들의 계획과 잘 맞아떨어진다"라고 윤치호는 보았다. 나아가 이는 일본 민족의 기원인 태양신의 존재를 부각하는 것으로 조선인이 일본 신도를 숭배해야 한다는 논리로 연결된다고 윤치호는 비판했다.[3] 이렇듯 최남선은 1930년대 중반에 들어가서 먼 옛날 조선 문화와 일본 문화가 일치했다고 주장한 것이다.

과거 일본과 조선의 동일문화권 논리

최남선의 이러한 글쓰기에 관한 당대의 평가는 어떠했을까? 그의 글쓰기에 민족적 의미를 부여하고자 했던 조선인 독자들은 크게 실망했다. 김창숙은 1930년대 감옥에서 최남선의 글을 읽고 "나는 일본에 붙은 반역자가 미친 소리로 시끄럽게 짖어댄 흉서凶書를 읽고 싶지 않다. 「기미독립선언서」가 최남선의 손에서 나오지 않았는가? 이런 자가 도리어 일본에 붙은 역적이 되다니 만 번 죽여도 지은 죄가 남을 것이다"[4]라고 했다. 유림 계열의 독립운동가인 김창숙은 대한민국 임시정부에서 활동하다가 상해에서 1927년 일본 경찰에 체포되어 국내에 송환되었다. 당시 그는 14년 형을 선고받고 대전 형무소에서 복역 중이었다.

나아가 최남선이 중추원中樞院에 참여한 것이 문제가 되었다. 중추원은 조선총독부가 식민지 통치에 조선 사람도 참여한다는 명목을 내

1931년 9월 만주사변 당시 신경 시가지에 들어온 일본 군인들.

세워 만든 자문기관이었다. 그런데 의장인 일본인 정무총감의 허가 없이는 발언할 수 없었고, 심지어 3·1운동이 일어날 때까지 한 번도 소집되지 않았던 유명무실한 기관이었다. 여기에는 대한제국의 황족이나 친일 고관이 참여했다. 중추원 고문과 참의는 식민 통치의 들러리 노릇을 하면서 일신의 영화를 누렸었다.[5] 이런 중추원에서 최남선은 1936년 6월부터 1938년 3월까지 약 2년간 참의를 지냈다.

윤치호는 1934년 4월 13일 자 일기에서 "최린 씨가 중추원에 들어가기로 동의한 데 대해 비난 여론이 들끓고 있다"면서 자신이 중추원에 들어가기를 거절해서 "내 동료들이 크게 안도"하고 있다고 썼다.

여기에서 동료로 언급된 인물은 홍명희, 송진우, 이종린, 정인보, 유억겸 등이었다. 홍명희와 정인보는 비타협적 민족주의자였고, 송진우는 『동아일보』를 주관한 언론인이었다. 이종린은 천도교에서, 유억겸은 기독교에서 민족운동에 참여하고 있었다. 이들이 윤치호가 중추원에 참여하지 않음을 '안도'한 것으로 미루어보면, 홍명희는 최남선이 중추원 참의가 된 것에 비판적이었을 것이다.

　조선 문화와 일본 문화가 일치해야 한다는 최남선의 주장은 그가 일본어로 쓴 「일본의 신앙문화와 조선日本の信仰文化と朝鮮」(1935)과 「조선의 고유 신앙朝鮮の固有信仰」(1936)에도 나타난다. 또한 1937년 2월 『매일신보』에 일본어로 기고했던 「조선 문화 당면의 과제」에서 "세계 문명사회에서 유일한 제정일치의 국가"인 일본이 '독자적인 문화'를 가지고 있으며, 그 핵심은 '황도皇道'라고 보았다. 나아가 조선과 일본은 "동일 문화 원천의 두 지파"이기 때문에 일본 문화를 받아들여야 한다고 주장했다.

　중일전쟁 이후 일제는 침략 전쟁에 조선인을 동원하려고 일본인과 조선인은 하나라는 '내선일체內鮮一體'를 내세웠다. 물론 만주사변부터 중일전쟁까지 최남선은 양국 민족 사이에서 혈통이 동일하다고는 말하지 않았다. '형제 관계'임을 언급한 것이 최대한이며, '내선일체'의 주장은 확인되지 않는다.

　하지만 혈통이 아닌 문화에 관해서는 달랐다. 최남선의 논리는 일본 문화와 상충하지 않으면서 조선 문화를 그 하부 단위인 지역 문화로 위치시킬 수 있는 논리였다.[6] 그는 태곳적 조선 문화와 일본 문화는 뿌리가 같으며, 그 구체적인 사례가 한국의 고신도古神道와 일본의 신도神道라고 보았다. 심지어 옛 전통을 지키고 있는 일본 '황도皇道' 를 따라야 한다고 했다. 이는 최남선이 점차 조선 민족 단위의 사고에서 일탈해서 더 이상 조선 문화의 독자성을 인정하지 않음을 보여준 것이다.

중일전쟁과 지조와 변절 사이

이광수의 친일은 '동우회 사건'이 계기가 된 것이 분명하다. 동우회는 미국에서 안창호가 조직한 흥사단의 국내 지부로 1926년 조직된 수양동우회가 1929년 11월 개칭한 것이다. 동우회는 잡지 『동광』을 발행하고 인격 수양과 민족의 실력 배양을 표방한 합법 단체였다. 이 단체는 독립 정신을 고취하고 민족운동을 전개했는데 1937년 6월부터 일제에 의해 관계자 181명이 붙잡혔고 이광수를 포함한 41명이 재판에 회부되었다.

『매일신보』 1938년 11월 4일 자에 따르면 이광수는 일본 경찰에 검거되었다가 같은 달 3일 예심 단계에서 보석으로 출소했다. 그리고 전향轉向 선언을 하고 신궁을 '참배'했다. 전향은 지금까지 지니고 있던 사상, 신념, 주장을 다른 것으로 바꾸는 것이다. 『나의 고백』에서는 전향을 "어떤 이름난 민족주의자 하나가 협력하는 표시를 하면 그것을 일본 관헌은 '전향'이라 칭하여서 중앙정부에 보고의 재료를 삼고, 일반에게는 그 의미를 실제보다 확대하여서 선전"하는 것이라고 설명했다.

일제의 '전향' 강요와 개인의 희생

『나의 고백』에서 이광수는 계속해서 "나는 나 하나를 희생함으로써 이 자유를 건질 수 있다 하면, 그렇게 해서라도 동우회의 사업과 동지를 살리고 싶었다. 그러나 내 이것은 어리석은 생각이었다"라고 밝혔다. '전향'을 '어리석은' 생각이라고 하면서도 자신을 희생해서 동지를 구하겠다는 것이 그의 논리였다. 같은 글의 한 부분이다.

최린이 죽어서 조금이라도 천도교를 살폈고, 최남선이 죽어서 지식계급의 탄압을 일시 늦추었다. 윤치호의 죽음은 직접으로는 동우회 사람들을 건졌고, 간접으로는 민족주의자에 대한 일본의 미움을 완화시켰다.

이광수는 '죽음'이란 과장된 표현을 구사하면서 자신을 포함한 최린, 최남선, 윤치호 등이 '전향'함으로써 다른 민족주의 단체와 사람들을 일제로부터 구해주었다고 보았다. 실제로 '전향'이 약효를 발휘했다. '동우회 사건'으로 체포된 이광수와 동우회 회원에 대한 예심

1937년 8월 서대문 형무소 수
감 당시의 이광수.

이 1938년 8월에 끝나고 1939년 12월 경
성지방법원에서 전원 무죄를 선고받았다.
검사가 다시 재판을 요구하여 1940년 8월
경성복심법원에서 이광수는 징역 5년을
선고받았으나 다음 해 11월 무죄판결을
받았다. 중일전쟁이 발발하기 직전 일어
난 '동우회 사건'은 마무리될 때까지 무려
4년이 넘는 기간이 걸렸다.

1937년 7월 7일 중일전쟁이 발발했다.
중국 북경에서 멀지 않은 곳에서 일본군 파견대가 총격 사건을 일으
켰다. '루거우차오蘆溝橋 사건'이라고 일컬어지는 이 사건은 확대되면
서 선전포고 없이 전쟁이 시작되었다. 중일전쟁은 유럽 전선을 넘어
서 진정한 의미에서 제2차 세계대전의 시발점[1]이었다.

중일전쟁이 발발하면서 식민지 조선도 전시체제기에 들어갔다. 전
쟁 직후인 1938년 8월 조선총독부 경무국은 "공산주의 사상 및 그 운
동을 박멸하고 일본 정신을 고양하게" 할 목적으로 조선방공협회朝鮮
防共協會를 조직했다. 그리고 같은 달 '전향'한 사람들을 중심으로 시
국대응전선사상보국연맹時局對應全鮮思想報國聯盟을 만들었다. 이 사상
보국연맹은 태평양전쟁이 일어난 이후 '야마토주쿠大和塾'로 이름을
바꾸고 '사상범'으로 지목된 사람을 가입시켜 '전향'을 강요했다.

인종론이 투영된 중일전쟁

당시 일본은 중국을 지나支那, 1937년 중일전쟁을 '지나사변'이라고 불렀다. 최남선은 전쟁 직후인 1937년 10월 『매일신보』에 기고한 「북지나北支那의 특수성」에서 중일전쟁을 "언제고 한 번은 중원으로 들어오고야 말리라 하던 아시아에서 가장 동방의 마지막 남아 있던 민족들이 대동단결을 하여 무대에 올라선" 사건이라고 적극적으로 지지했다. '동방의 마지막 민족'은 일본을 가리켰다.

그리고 같은 글에서 "일본으로는 영토적 야심에서 나오지 아니했음과, 또 중국의 인민을 적대하는 것 아님"을 알아야 한다면서 중일전쟁을 일으킨 일제의 침략성을 부인했다. 심지어 이 전쟁은 "백화白禍 · 적화赤禍로부터 동양을 구하고 보호하자는 신성한 조치"라고 강변했다.

'화禍'는 근심이나 재난을 의미한다. 역사적으로 몽골이 유럽 지역을 공격해서 유럽인에게 공포를 주었던 사건을 황인종에 대한 두려움이라고 해서 '황화黃禍'라고 한다. 이와 반대로 최남선은 중일전쟁을 일본이 '백화'와 '적화'로부터 동양을 보호한 인종과 이념 전쟁으로 보았다. '백'은 백인종을 의미한다. 그는 태평양전쟁 시기에 들어가면서 인종을 더욱 강조하여 일본 제국주의가 아시아/동방/대동아를 대변해서 앵글로색슨족과 대결한다고 보았다.

붉은색 '적赤'은 소비에트러시아, 나아가 공산주의를 의미한다. 반공을 강조했던 것이다. 『조선일보』 1937년 7월 31일 자에 따르면 최남선은 라디오 방송을 통해 "국론을 절대 지지하여 대세에 순응하는 동시에 국제 스파이와 유언비어에 미혹되지 말고 비상시국에 잘 대처하여 적극 힘쓰는 것이 가장 간절한 일"이라고 거듭 주장했다. 전시체제에 순응하는 모습이었다.

한편 중일전쟁으로 인해 일본군의 침략 범위가 만주를 넘어 중국 본토로 확장되었다. 만주사변으로 이미 조선은 만주와 일본을 연결하는 다리 역할을 하고 있었다. 따라서 식민지 조선인도 한반도를 넘어서 일본-만주-조선으로 삶의 공간이 넓어졌다. 중일전쟁으로 이러한 인식은 더욱 확장되었다.

확장된 공간인 만주에 관한 이해

최남선은 1930년대 중후반부터 만주와 관련을 맺었다. 그는 1937년 11월에 발표한 「만주가 우리에게 있다」라는 글에서 조선인의 발전을 한반도 밖인 만주에서 찾아야 한다고 주장했다. 그 이유를 "지리, 역사, 종족 관계, 생활 조건"에서 가장 밀접하게 연결된 곳이 만주 이외에는 없기 때문이라고 밝혔다.[2] 이렇듯 만주는 그에게 희망의 땅인 '낙토樂土'였다. 그는 1937~1938년에 걸쳐 『매일신보』에 연재된 중국 동북 지역에 관한 기행문인 「송막연운록松漠燕雲錄」에서 만주국 신경新京에서 신사참배를 한 것을 스스럼없이 밝혔고, 만주에 살고 있는 재만 조선인의 삶이 조선에서보다 안락하다고 강변하기까지 했다.

송, 막, 연, 운은 각각 만주, 몽골, 북경, 산서山西를 뜻한다.

만주란 중국 동북 지역에서 일제의 침략 전쟁을 지지한 최남선의 기고 및 강연 활동 시기는 그가 『만선일보』 고문과 만주 건국대학 교수로 재직했던 기간과 맞물린다. 일제는 만주 거주 조선인을 대상으로 1933년 8월에 조선어 신문인 『만몽일보滿蒙日報』를 간행했고, 이 신문은 1937년 10월 『만선일보滿鮮日報』로 이름을 바꾸었다. 1938년 봄 최남선은 이 신문의 고문이 되었다.

만주 건국대학은 '오족협화五族協和'를 실현하기 위한 엘리트 양성을 명목으로 1938년 5월 설립되었는데, 이 학교 학생은 조선과 일본인은 물론 중국과 만주인 등으로 구성되었다. 그는 1939년 4월 건국대학 교수로 부임했다.

최남선은 「자열서」를 통해 건국대학 교수가 된 이유를 '민족 대표'라고 해서 승낙했고, 그곳에서 "조선 학생의 훈도와 만몽문화사의 강좌를 담당하고서, 조강祖疆의 답사와 민족 투쟁의 실제를 구경하는 흥미를 가졌었다"라고 밝혔다. '조강'은 과거 역사에서 확인되는 조상의 땅을 말한다. 그는 '조선 민족'의 대표로서 역사적으로 조상의 땅이었던 곳을 연구하고, 조선인 학생들을 가르친다는 점을 강조했다. 하지만 당시 그는 일본 국민이기도 했다. 이 점은 만주 건국대 학생들에게 당부하는 글에서도 나타난다.

최남선은 1938년 10월 『삼천리』 10권 10호에 실린 「건국대학과 조선 청년」에서 "나라를 위하여 일신을 바칠 큰 뜻이 있고 나라를 위하여 어떠한 곤고困苦나, 결핍이나 어떠한 근로라도 사양하지 않을 결심이 있으며 사명이면 던진 돌이 되고 일생을 흙 속에 묻더라도 후회함이 없을 사람은 오라"고 주장했다. 거듭 만주 건국대를 희망하는 학생들에게 "우리는 오국吾國을 구성하는 각 민족 중에 이러한 청년이 많기를 바라고 기도한다"라고 밝혔다. 최남선에게 우리나라를 의미하는 '오국'은 만주국까지를 아우른 일본 제국이었다.

'전향'과 침략 전쟁 지지

최남선이 만주 건국대 교수로 간다는 소식이 전해지자 조선 사회는 그 이유가 궁금했다. 잡지 『삼천리』의 발행인 김동환이 최남선을 만나 이에 관해 물었다. 하지만 최남선은 다음에 말할 기회가 있을 것이라고 간단히 말하거나 민감한 질문에는 묵묵부답이었다.[3] 사람이 많이 모인 자리에서 남의 말을 듣기보다는 나서서 말하기 좋아하는 그답지 않은 처신이었다. 이렇듯 최남선이 일제에 협력하게 된 결정적 계기가 무엇인지는 불분명하다.

반면 이광수는 '동우회 사건'으로 석방된 이래 아주 선명하게 '일본인 되기'를 천명했다. 그는 1939년 1월 전향자 중심의 좌담회인 '시국유지원탁회의時局有志圓卓會議'에 출석해서, "나는 내 양심으로부터 조선인이라는 고집을 버리고 일본인이 되고 일본 정신을 가지기로 결심"했고, 따라서 "국기國旗만이 아니라 신사참배라든가 그 다른 모든 문제에 있어서 참말로 일본 정신에 가까운 감정을 가지고 행동할 수가 있게 되었"다고 자신의 심정을 밝혔다.[4] 여기서 국기는 일장기다. 그리고 신사참배를 하며 일본인의 정신을 닮기 바란다고 표명했다.

이상에서 살펴보았듯이 중일전쟁 이후 전시체제기에 최남선과 이광수에게 조선 민족을 염두에 둔 고민이 포함되어 있으면 이를 본격적인 친일이라고 평가하기는 어렵다. 한 연구에 따르면[5] 조선 지식인의 '내선일체'에 관한 입장에는 조선의 문화와 전통을 견지해야 한다는 '민족협동론'과 완전히 일본화해야 한다는 '민족동화론'이 있었다고 한다. 새로운 일본 국민이 되길 주장했던 이광수와 달리 최남선은 비록 '문화적 형제국'으로 보았지만 한국인과 일본인의 민족적 일체를 주장한 '동조동근론'에는 동의하지 않았다. 이러한 차이는 있을지언정, 두 사람 모두 일제의 침략 전쟁을 지지했다.

처사로서의 삶과 지조 지키기

반면 홍명희는 달랐다. 그는 중일전쟁 직전인 1937년 1월에 잡지 『조광』에 발표한 「문학청년들의 갈길」에서 "지금 조선의 현상으로 보아서 다른 문화면이 응고되고 있으니 생동하는 맥으로 발달할 것은 오직 문학밖에 없다고 생각합니다"라고 주장했다. 문학에 대한 강조는 『임꺽정전』 집필로 연결되었다.

고요한 마음으로 세상을 바라보고 깊게 생각하는 홍명희의 태도는 당시 잡지 『삼천리』 기자였던 모윤숙의 눈에도 비슷하게 비쳐졌다.

1938년 1월 발간된 『삼천리 문학』 1호에서 그녀는 홍명희가 "방금 담요 위에 비스듬히 앉아서 무슨 한서漢書를 읽으시다가 반가이 맞아주신다"라고 글을 시작한다. 방 안 분위기는 "작은 청동화로에 연한 불이 반짝이고 참대나무 한 그루 맞은편에 조용히 푸르렀다"라고 전했다. 아울러 그의 인상은 "동양학자 풍風의 위신을 갖추었으나 대단히 친절하시고 겸손하시여 두터운 안심安心을 느꼈다"라고 알렸다. 모윤숙도 홍명희에게서 학자의 모습을 보았던 것이다.

전시체제기에 홍명희는 학자나 문학가로 살기가 힘들었다. 1939년에 홍명희의 『임꺽정전』이 네 번째로 연재가 중단되었다. 잡지 『조광』의 연재를 그만둔 것은 시국 때문으로 보여진다. 우선 언론 매체가 친일적인 논조로 바뀐 상황에서 소설을 계속 연재하기가 쉽지 않았다. 만약 계속 연재했다면 일제 당국이 다른 조선인 유명 인사에게 친일 활동을 강요했듯이, 홍명희도 기고 및 강연 활동을 거절하기가 어려웠을 것이다. 그렇기에 『임꺽정전』의 완성을 포기한 것에서 당대 엄혹한 현실에 대한 그의 비관과 절망을 찾아볼 수 있다고[6] 평가한다.

1936년 사망한 문일평을 기리는 전집이 1940년에 간행되었다. 문일평은 일본 유학 시절과 상해 망명 시절 그리고 신간회 활동까지 홍명희와 함께한 사이였다. 홍명희는 문일평의 책과 글을 모은 『호암전집』에서 "우리 연배 중에 조선 역사를 연구하는 사람이 수가 원래 많지도 못 했지만 그 가운데 바른 견지로 연구한 조선사를 저술할 만한 사람은 참으로 새벽하늘의 별보다 더 드물었다. 나의 본 바로는 전에 타고난 재능이 탁월한 무애無涯가 있었고, 후에 연구 독실한 호암湖巖

조선인 징병제가 실시된 것을 기념
하는 시가행진 모습.

이 있었다"[7]라고 평가했다. 무애는 신채호, 호암은 문일평이다. 당대 한국인 역사가에 대한 평가에서 최남선이 배제된 것이다. 그리고 누구를 지칭하지 않았지만, 다른 글에서 "영리하고 명민한 친구들은 거지반 퇴락하거나 타락"[8]했다고 했다. 이러한 사람들에 최남선과 이광수가 포함되었을 것이다.

지식인의 역할은 자신이 살고 있는 당대 사회가 안고 있는 문제점들을 정확하게 진단하고 이를 극복할 수 있는 미래의 방안을 전망하는 데 있다. 일제강점기 조선 지식인에게는 일제의 침략 전쟁 속에서 향후 조선 민족이 나아가야 할 방향을 직접 제시해야 할 역할이 있었다. 그러기에 당대 조선 지식인을 평가하는 하나의 기준이 삶의 태도를 바꾸었는지, 아닌지를 묻는 지조志操였다. 특히 식민지 조선 사회에 인적·물적 자원을 동원한 시점에서 지조는 지식인을 평가하는 중요한 잣대가 되었다.

국내에 거주하던 지식인들은 일제에 대한 저항과 친일이란 양 갈래의 길에서 자신들의 입장을 선택해야 했다. 1930년대 말에 홍명희는 마포에서 다시 경기도 양주군 창동으로 이주했다. 외진 이곳에서는 신간회에 함께했던 변호사 김병로도 살았다. 그리고 1940년 가을에는 정인보의 가족이 이주해왔다. 반면 제국 안에서 일본 정신을 지닌 조선인이 되자고 강변했던 이광수와 최남선은 태평양전쟁이 시작되면서 보다 적극적으로 학병, 징용 등 조선인을 동원하는 활동은 물론 이에 영합할 수 있는 논리를 제공했다. 태평양전쟁 시기 두 사람은 창씨개명, 학병 동원 등 일제의 '내선일체' 정책을 적극 지지하는 활동을 본격적으로 전개했다.

태평양전쟁과 학병 독려 활동

일본 동경에 있는 니혼대학日本大學을 졸업하고 학병學兵으로 나갔던 백남권은 1943년 11월에 학병 권유 궐기대회가 열린 메이지대학 강연회에 참석했었다. 그때 이광수와 최남선 등 연사는 조선인 청년들에게 학병이 되길 강조했는데 "최남선은 어찌나 열변을 했던지 허리띠가 끊어져버리기도 했습니다"[1]라고 백남권은 회고했다. 반면 최남선은 1949년에 쓴 「자열서」에서 "이사 짐을 운반하는 도중에 붙들려서 소위 학병 권유의 길을 떠나게 되었다"고 하여 일제의 강요에 의해 학병 권유 강연을 한 것처럼 서술했다. 조선인 학생들이 왜 일제의 침략 전쟁에 동원되었을까? 그리고 최남선은 허리띠가 끊어질 정도로 적극적인 연사였을까, 아니면 그의 「자열서」에 나오듯이 갑자기 강연자로 동원되어 일본에 끌려간 것일까?

진주만공격과 태평양전쟁의 시작

중일전쟁으로 전시체제기에 들어간 일제는 1941년 12월 하와이 진주만을 습격함으로써 태평양전쟁을 일으켰다. 침략주의 노선을 택하여 타국에 쳐들어가 공황을 타개하고자 한 일제는 중일전쟁에서 영국과 미국의 압력을 받았다. 특히 미국은 일본이 중국에서 물러나지 않으면 미국 안의 일본 자본을 동결하고 전쟁에 필요한 석유와 철강과 같은 물자의 수출을 제한하겠다고 했다.

일본은 영미의 압력에 따라 중국에서 물러날 것인지, 아니면 이들과 전쟁을 벌여 자원을 획득할 것인지 선택해야 했다. 일본 군부는 중국과의 전쟁을 단시일에 끝낼 수 있다고 주장했지만 그렇지 못했다. 이런 상황에서 세계 최강이라는 미국과의 전쟁은 무모해 보이기조차 했다. 그런데 일제는 전쟁을 도발했다. 이들은 기습적으로 전쟁을 일으켜 최대한 전선을 확대한 후에 연합국과 협정을 맺고자 했다. 이런 전략에 입각한 것이 진주만공격이었다. 하지만, 이는 미국에서 일본과의 전쟁에서 반드시 이겨야 한다는 여론을 조성했을 뿐이다.

태평양 지역에서 일어난 이 전쟁을 서구에서는 태평양전쟁이라고 하고, 일제는 클 대大 자를 붙여 '대동아大東亞전쟁'이라고 불렀다. 최근에는 전선이 확대되면서 전쟁 당사자가 여러 나라로 확대된 점을 감안해서, 이 전쟁을 아시아태평양전쟁이라고도 부른다. 또한 식민지 조선의 민족운동 진영에서는 미국이 승리하면 조선이 독립될 수 있다는 희망을 가졌던 반면 일제에 협력했던 친일 지식인은 이 전쟁을 '대

일본의 '대동아공영권'을 선전하는
만화. 어둠 속으로 네덜란드 복장
의 여성이 쫓겨나고 있다.

동아의 공영'을 목표로 했으므로 '성전聖戰'으로 봤다.

'대동아'는 공간적으로 유동적이었다. 왜냐하면 아시아란 큰 범주
속에 영국의 식민지인 인도가 포함되어야 했기 때문이다. 일제는 '대
동아' 구성원을 중국 5억 명, 인도 3억 명, 일본과 조선 1억 명 그리고
다른 동남아시아 지역까지 해서 모두 10억 명으로 봤다. 아울러 전체
아시아라는 '대동아' 대 앵글로색슨으로 대변되는 영국과 미국을 대
비시킴으로써 일제는 이 전쟁을 황인종 대 백인종의 인종 전쟁으로
설정하고자 했다.

침략 전쟁에 대한 동조와 협력 활동

최남선은 이러한 논리에 적극 동조했다. 그는 1943년 11월 5일 자
『매일신보』에 기고한 글에서 만주사변부터 자행된 일제의 침략 전쟁

을 '천명天命'이라고 했다. 그래서 "대동아인으로서 이 성전聖戰에 참가함은 대운大運 중의 대운"임이 틀림없다고 주장했다. 심지어 "원광圓光법사의 임전무퇴 4자까지를 진두陣頭의 청년 학도에게 선물하고 싶다"라고 표현했다. '진두'는 전투에서 앞장서는 것을 말한다. 최남선은 신라 원광의 '세속오계'를 가지고 와서 조선인 청년들의 전쟁 참여를 독려했던 것이다. 또한 '동우회 사건' 이후 친일의 길로 나선 이광수의 경우에는 1930년대 후반부터 신문과 잡지에 일제의 침략 전쟁을 지지하는 시, 소설, 수필 등을 실었다.

아울러 최남선과 이광수는 일제의 침략 전쟁을 지지하는 협력 단체에서 같이 활동했다. 최남선은 1941년 8월 흥아보국단興亞報國團의 준비위원 및 상임위원을 지냈으며, 이광수는 같은 달 결성된 임전대책협력회臨戰對策協力會의 발기인으로 참여했다. 이들은 같은 해 10월 결성된 조선임전보국단朝鮮臨戰報國團에도 같이 발기인으로 참여했다. 일제가 조직한 흥아보국단의 설립 목표는 "황국정신의 앙양, 강력한 실천력의 발휘, 시국 인식의 철저와 그것의 대책 결의, 근로보국의 실행" 등이었다.

흥아보국단은 1941년 김동환의 주도로 '황국신민화 운동'을 실천하기 위해 결성한 임전국책협력회臨戰國策協力會와 함께 조선임전보국단으로 통합되었다. 1941년 10월 발간된 『조선임전보국단 개요』에 따르면 최남선과 이광수 두 사람이 참여한 이 단체는 전쟁에 임박한 상황 아래 "2천 4백만 반도 민중이 일치단결하여 성전聖戰 완수로써 황국皇國 흥융을 도모하여 성은聖恩을 만분의 일로 보답할 것"을 목표로 조직되었다. '성은'은 구체적으로 일왕의 은혜를 말한다.

1943년경부터 미국의 반격으로 태평양전쟁에서 일본은 수세로 몰리고, 결국 침략했던 영토가 축소되었다. 전세가 바뀐 것이다. 언론 매체에서는 '무적 황군'의 승전 소식을 전하고 있음에도 불구하고, 1943년 4월 연합함대 사령관 야마모토 이소로쿠山本五十六 해군대장이 사망하고, 같은 해 5월 알류산열도 전투에서 '옥쇄玉碎'라는 용어가 사용되었다. 옥은 부서질 때 깨끗하게 산산조각 난다고 한다. 일제는 자국 국민과 군인의 죽음을 여기에 비유한 것이다. 이런 상황에서도 최남선은 1943년 12월 잡지『조광』에 발표한「보람 있게 죽자」에서 식민지 조선인에게 "어떻게든지 참가하고야마는 최고 명령을 받고 있다"고 해서 일제의 침략 전쟁에 참여하기를 주장했다.

전장의 확산과 조선인 동원

일제는 침략 전쟁을 벌이기 위해 본격적으로 식민지 조선인을 징용, 징병, 학병學兵, 정신대挺身隊 등으로 동원하기 시작했다. '정신대'는 글자 그대로 몸을 던져 노력 봉사하는 조직으로 근로정신대, 성별에 따라 여성정신대 등으로 분류되었다. 특히 정신대 안에는 취업 사기나 위협 등을 당해 일본군 '성노예'인 '군위안부'가 되었던 조선인 여성들이 있었다. 이들의 정확한 숫자는 모르지만 많게는 20만 명으로 추정된다.

모든 조선인을 전쟁에 동원했던 일제는 조선인 청년을 군인으로 만드는 데 마지막까지 주저했다. 왜냐하면 이들을 훈련시키고 총을 지급할 경우 거꾸로 총부리를 일본 군인에게 겨눌까봐 두려웠기 때문이다. 실제로 일본 군대에 끌려갔다가 탈출해서 독립군이 된 사례도 많았다. 그러기에 일제는 군대에 갈 나이가 된 조선인 청년을 파악하고도 쉽게 동원하지 못했다. 그래서 처음에는 '지원병'을, 다음으로 전문대생 이상의 학병을 모집했고 마지막으로 징병제를 실시했다.

1943년 9월에 일본인 대학생 가운데 문과계 학생을 군대에 동원하기 시작했다. 그리고 같은 해 10월 '조선인학도병특별지원병제'가 실시되었다. 지금도 그러하지만 대학생은 국가의 귀중한 인적 자원이었다. 따라서 설사 패배를 하더라도 끝까지 보호해야 했다. 막바지에 몰린 일제가 이들 일본인과 조선인 대학생을 전쟁의 소모품으로 써버린 것은 향후 20~30년 뒤 국가의 미래는 전혀 고려하지 않은 무모한 군사 정책이었다.

일제가 전쟁에 인력을 동원하자 조선 청년들은 주저했다. 따라서 일제는 조선인 협력자가 필요했다. 이들에게 협력한 조선 지식인은 조선 청년들에게 전쟁에 적극 참여하라고 독려하기 시작했다. 이러한 행위는 민족 공동체 구성원을 전쟁터에 끌고 가고자 하는 행위, 즉 목숨과 피를 요구하는 것이었다. 따라서 변명의 여지가 없는 친일 활동이었다.

『나의 고백』에서 이광수는 "내가 부일 협력자가 된 동기를 쓰면 고만이지 그 이상 길게 늘어놓을 필요가 없다고 생각하므로 내가 실제로 하던 일을 번거로이 적으려고 아니한다. 다만 학병들에게 관한 눈물 나던 일 몇 가지만은 떼어놓기 아쉽다"라고 했듯이 학병 동원 활동이 가장 중요했던 사안이었다. 실제로 학생들에게 '지원'은 명목이었고, 이를 거부하기 어려웠다. 그래서 1944년 1월부터 조선인 학병은 훈련소에 입소했고, 전쟁 말까지 약 4,500명이 침략 전쟁터에 끌려갔다.

'선배격려단'의 학병 동원 활동

학병의 대상인 전문대생 이상의 대학생이 많은 곳은 일본이었다. 그리고 이들은 '지원'에 매우 소극적이었다. 일부 친일파를 제외하면 부모형제도 그들을 독려하기가 쉽지 않았다. 일제가 주목한 것은 이들 대학생들의 '선배'였다. 당시 선배는 군 입대를 앞둔 학생보다 군대에 먼저 가서 군 생활을 하고 있는 인물들이나, 일본 유학 경험이 있는 사회적 명망가를 의미했다. 『매일신보』 1943년 11월 13일 자에서는 선배를 일본에서 고등교육을 받았고 당시 "조선 각 방면에서 정신 봉공하고 있는 유지"라고 했다. 학병이었던 안동준安東濬은 "한인 중에서 설득력 있는 저명인사를 조선총독부에서 교섭하여 우리들 학도병 해당자에게 지원을 권유차 파송"된 인물이라고 보았다.[2]

일본에 파견된 선배격려단의 활동을 『매일신보』 1943년 11월 13일 자에서는 "선배의 후배를 생각하는 우정은 후배 학도를 반드시 감격

시켜 출진에 총궐기케 할 것으로 그 성과는 크게 기대되는 바"라고 전했다.

1943년 11월 6일 일본 및 조선에 거주하던 조선인 학생들을 학병에 지원시키기 위해 각 대학 고등전문학교 졸업자를 중심으로 경성에 본부를 둔 선배단이 조직되었다. 같은 달 8일 김연수, 최남선, 이광수 등 12명이 1진으로, 10일에는 24명이 2진으로 일본에 파견되었다. 일본 동경에 도착한 이들은 13일 동경제대, 도요대학을 방문했고, 최남선과 이광수는 같은 달 14일에 메이지대학에서 열린 '조선학도 궐기 대회'에 참가했다.

어쩔 수 없이 갔다던 최남선과 침략 전쟁에 나서라고 열변을 토한 최남선, 두 모습 가운데 어느 쪽이 진실에 가까운가? 만약 일제의 강요로 학병 강연을 하러 일본에 갔다면 강연 내용은 조선인 청년에게 향후 찾아올 조선 독립의 가능성을 은유적으로 표현하거나, 설사 전쟁 참여를 언급해도 소극적이어야 했다. 하지만 최남선과 이광수는 학병 지원을 적극 선동한 강연자였다.

이광수는 메이지대학 강연에 "내선일체가 실현된 것 같은 장면"이라고 적극적인 의미를 부여했다. 조선인 학생들에게도 "일본 전체나 대동아 전체를 짊어지려는 그런 기개를 가지길"[3] 바란다고 당부했다.

그리고 최남선의 강연 내용은 1943년 11월 20일 자 『매일신보』에 「가라! 청년 학도여」란 제목으로 게재되었다. 이 글에서 최남선은 당시 태평양전쟁의 국면을 "지금 바야흐로 결전 단계에 들어가서 마침내 우리 청년 학도들의 출진을 절실하게 바라게 된 것"으로 전망했다.

또한 당시는 학병을 동원해야 할 정도로 절박한 상황인데도 "절호한 기회가 대동아의 전장에 그 특별 지원병으로서의 용맹한 출진에 의하여 발견되는 것"이라고 해서 조선인 청년에게 '기회'가 주어졌다고 했다. 그렇기에 조선인 청년들은 "일본 국민으로서의 충성과 조선 남아의 의기를 바로 하여 부여된 광영의 이 기회에 분발 용약하여 한 사람도 빠짐없이 출진"해야 한다고 주장했다. 아니 "허리띠가 끊어질 정도로" 열변을 토했다는 것이 맞았을 것이다.

일제는 조선인 선배들이 학병 지원을 독려한 이러한 활동이 효과가 컸음을 강조했다. 일제 말 친일 잡지인 『신시대』에 한 학생이 편지 형식으로 쓴 글이 게재되었는데, "동경의 조선 학도는 지금 큰 흥분과 감격 속에 잠겨 있는 것 같습니다. 어떤 자는 앵글로색슨의 침략에 향하여 아시아인의 새로운 아시아를 건설할 기초를 놓아야 한다고 말하고, 어떤 자는 금번 지원병이 하나의 계기가 되어 보다 완전한 의미의 내선일체가 완성된다고 주장하고 있습니다"라고 밝혔다.[4] 이러한 정책 홍보물이 아닌 군대에 가야 하는 학생들의 진심은 어떠했을까?

학병의 실존적 고민과 갈등

선배격려단과 학생의 만남은 강연회란 공식적인 행사 외에 이들이 묵고 있는 숙소란 사적 공간에서도 이루어졌다. 개인 자격으로 여자 대학생 몇 명을 포함한 남녀 학생 십수 명이 이광수와 최남선을 찾

『조선화보』1944년 1월호에 실린 대담 모습. 왼쪽부터 최남선, 이광수, 마해송.

아왔다.[5] 분위기는 매우 소란스러웠다. 학병이었던 윤종현은 "밖에서 역적의 무리 이광수 나오라고 외치며 누군가 단도를 휘두르며 이층으로 오르락내리락 대소동을 벌였다"[6]라고 회고했다.

이광수와 최남선은 조선인 학생들과 면담을 했다. 『나의 고백』에서 이광수는 학생들의 질문을 "우리가 나가 죽으면 분명히 우리 민족에게 이익이 되겠나", "우리가 나가서 피를 흘리면 그대는 우리의 피값을 받아주겠는가" 등으로 기억했다. 윤종현은 "조선총독의 사주로 온 것이 아닌가"[7] 등을 물었다고 한다.

최남선과 이광수 두 사람과 학생 사이의 사적인 자리에서의 토론은 공식적인 행사인 강연회와 달랐다. 조선인 학생들의 질문은 절박했다. 이들 두 사람 '선배'의 역할에 관한 의심에서부터 당시 전쟁 국면을 어떻게 판단할 것이며, 전쟁터에 가는 것이 어쩔 수 없다면 지혜롭게 대처할 수 있는 방안은 무엇인가 등이었다.

이러한 질문에 최남선은 일본과 조선은 '동조동근同祖同根'이기 때문에 일본을 돕는 것은 "현실은 현실로서 받아들일 수밖에 없는 운명"이며, 선배격려단이 일본에 온 것은 어떠한 강요나 협박이 아닌 자유 지원으로 학생들의 "궁금한 점을 조금이라도 풀어드리려고 온 것"[8]이라고 밝혔다. 그리고 이광수는 학병에 나가지 않을 수 없는 상황이며, "그대들이 피를 흘린 뒤에도 일본이 우리 민족에게 좋을 것을 아니 주거든 내가 내 피를 흘려서 싸우마"라고 했다고 회고했다.

반면 동경대학 재학 중에 학병으로 중국 전선에 갔다가 탈출해서 광복군에서 활동했던 신상초는 "연사들을 찾아가 일본 군대에 들어가는 것이 그렇게 훌륭하고 좋거든, 당신들이나 당신들의 자식부터 내보낼 노릇이지, 우리들 보고 권유는 왜 하느냐고" 물었다. 이에 대해 누구 하나도 감히 대답하지 못했다고 한다. 그리고 화난 생각에 "주먹으로 때려주고 싶은 충격마저 느꼈으나, 동족同族의 선배들이라 그렇게 대접할 수도 없었다"[9]라고 밝혔다. 학병으로 끌려갈 조선인 학생들의 일반적인 생각이었을 것이다.

이러한 내용으로 볼 때, 이광수와 최남선은 사적 공간에서 조선 민족 단위의 고민을 피력했다고 볼 수 있다. 그렇다고 하더라도, 일제의 강요에 의해 학병 독려 활동에 어쩔 수 없이 갔는지, 아니면 자신들이 자발적으로 참여했는지에 따라서 친일 여부가 판단될 수 있다. 최남선의 학병 독려 활동은 귀국한 이후에도 계속 이어졌다. 일제의 학병 독려에 적극 협력한 것이다. 그는 1943년 11월 25일 자『매일신보』인터뷰에 선배격려단이 '맹활동'을 했으며, 강연회는 성황리에 개최되었고, 그 스스로 조선인 학생들에게 "미영美英 격멸의 용사로서 황군이 된 참 성심을 발휘하는 가운데 잘 싸워주기를 바라는 바이다"라고 당부했다고 한다.

광기의 침략 전쟁에 동참

또한 최남선은 1944년 2월 잡지『신시대』21호에 발표한「성전의 설문說文」에서 "대동아전쟁에는 팔굉위우八紘爲宇의 대정신과 아울러 그를 실현하기에 걸맞은 일본 제국의 실력"이 있다고 해서 일제의 침략 전쟁에 신뢰를 보였다. '팔굉위우'는 일본 군국주의가 건국이념으로 받드는 것으로 다스림이 온 세상에 미쳐 모두 한집이 된다는 것을 의미한다. 그리고 같은 해 3월 발간된 잡지『방송지우放送之友』에 실린「도의는 이긴다」에서 태평양전쟁을 "물질주의, 이기주의, 권력주의, 차별주의, 착취주의적 세계관과 정신주의, 공존공영주의, 만방협화주의萬邦協和主義, 일체평등주의, 도의제일주의적道義第一主義的 세계관과의 싸움"이라고 하여, 일본을 '정의正義'의 나라라고 봤다. 이 글은 일제의 싱가포르 점령 2주년을 기념해서 쓴 글이다.

협력은 태평양전쟁 말기에도 이어졌다. 1944년 7월 사이판이 미국에게 점령되면서 동경마저 폭격을 받았고, 그해 10월 이른바 가미카제神風 특공대가 등장했다. 일제가 더 이상 전선을 확장하지 못한 절대 열세인 상황에서도 이광수와 최남선은 정신적인 영역에서의 일제의 승리를 '확신'했다.

출진 준비 중인 가미카제 특공대 모습.

이광수는 1944년 8월 잡지 『신시대』에 일본어로 발표한 「청년과 금일靑年と今日」에서 "바야흐로 이 대전쟁 최후의 결승기決勝期는 시시각각 다가오고 있다"라고 전세를 전망하면서 청년들에게 가미카제 특공대에 나가라고 했다. 거듭 이들에게 학병 조종사가 되어 "이 자리에서 전사하게. 실제 제군 연배의 청년이 수만 수십이나 전사하고 있지 않은가. 옥쇄하고 있지 않은가" 하고 독려했다. 최남선도 1945년 1월 발간된 『방송지우』에 실은 「특공대의 정신으로 성은에 보답합시다」에서 태평양전쟁을 "하늘을 대신하여 불의를 치는 싸움"이라고 전제하고 '가미카제' 정신을 조선인 청년들이 이어받아야 한다고 했다.

1945년 4월 미국은 일본이 영토적 마지노선이라고 여겼던 오키나와에서 상륙작전을 전개했다. 패망이 눈앞에 왔다. 그럼에도 최남선은 같은 해 6월 "총력전의 선구될" 조선 언론인 조직이었던 언론보국회 명예회원이 되었다. 이렇듯 최남선과 이광수는 일제의 침략 전쟁을 지지하는 글과 활동을 계속했고, 이로써 미루어볼 때 이들은 태평양전쟁 막바지까지 일제의 패배를 예상하지 못했던 것 같다.

지조와 변절의 선택

반면 홍명희는 현명했다. 그는 신간회 이후 단체 활동과 발을 끊었다. "단체 생활은 홍씨로 하여금 저들 왜노倭奴에 구실을 주어 얽어 맺기에 좋은 재료가 되기 때문"[10]임을 알았던 것이다. 왜냐하면 홍명희도 일본 유학 경험이 있는 사회적 명망가인 '선배'였기 때문이다. 그는 학병 권유 활동을 피신이라는 방식으로 거부했다.

홍명희의 팔촌 동생 신행균에 따르면, "학병 권유 강연을 하라는 일제의 강압을 피하기 위해 잠시 강정리(충청북도 청원군 옥산면) 자기 집에 피신을 온 적은 있으나, 가족을 이끌고 이주한 것은 아니라 단신으로 왔으며, 약 일주일 정도 머물다가 다시 상경했다"[11]라고 했다.

이렇듯 홍명희는 국내에 거주하면서 일본에 저항하지는 못 했지만, 최대한 신중하게 침묵을 지켰다. 당시 그는 쉰일곱 살이었고, 이러한 그의 대응은 전시체제기 저항적 조선 지식인의 선택 가운데 하나였다. 숨어 살면서도 한용운이 1944년 6월 예순여섯 살로 사망하자, 그의 거처인 성북구 심우장에 달려가 조문을 했다. 그리고 "7천 승려를 합하여도 만해 한 사람을 당하지 못했다"[12]라면서 한용운을 기렸다.

그렇다면 식민지 조선의 지도자 위치에 있던 최남선과 이광수가 이러한 요구를 거절할 수 없었을까 하는 의문이 든다. 안재홍은 1949년 9월 『새한민보』에 게재한 「8·15 당시의 우리 정계政界」에서 "1944년 봄부터 일본 측에서는 시국을 비관하면서도 그래도 어떻게 유리하게 바꿔보려는 미련이 남아 있어, 조선 측 지도층 인물에게도 상당한 획책을 하던 것이다. 당시 故여운형·송진우 및 조만식·홍명희, 그리고 필자인 안재홍 등을 남아 있는 비협력 지도 인물로 보아 무슨 방식으로든지 사용하려는 것이 그들의 뱃속이었다"라고 회고했다.

홍명희, 여운형, 송진우, 조만식, 안재홍 등이 진흙탕에 빠지지 않은 것으로 미루어보면, 강연과 기고 등의 친일 활동을 아주 피할 수 없지는 않았을 것이다. 최승만의 회고에 따르면 훗날 최남선은 「기미독립선언서」를 쓴 사람이 일본인 기관, 구체적으로 조선사편수회 일을 보게 된 동기가 "제 마음이 약하기 때문"이라고 했다고 한다. 그리고 이광수는 자신이 아니면 누군가 나서야 했기에 자신이 나섰다고 했다. 그렇다면 다시 묻는다. 그런 역할을 왜 당신들이 해야만 했느냐고?

해방 공간과 좌우 분열

1945년 8월 15일 해방은 우리 민족 공동체의 삶에 어떠한 변화를 가져왔을까? 해방은 크게 두 가지 방법으로 가능했다. 우리 민족운동 세력이 일제를 물리치거나, 아니면 연합군의 일원으로 독립 과정에 참여하는 것이다. 하지만 현실은 그렇지 못했다. 그래서 한국광복군을 국내로 보낼 유격 작전을 준비했던 대한민국 임시정부의 김구는 갑자기 찾아온 해방을 안타깝게 생각했다.

남몰래 찾아온 손님 같았던 해방

우리 손으로 직접 이룬 해방이 아니기에 불안감이 있었지만, 해방된 조선인의 마음은 그해 8월의 날씨만큼 뜨거웠다. 홍명희는 1945년

8월 15일 해방을 충청북도 괴산에서 맞이했다. 『해방기념시집』에 실린 「눈물 섞인 노래」[1]로 기쁨을 노래했다.

「눈물 섞인 노래」(홍명희)

독립 만세!/ 독립 만세!/ 천둥인 듯/ 산천이 다 울린다

지동인 듯/ 땅덩이가 흔들린다/ 이것이 꿈인가?/ 생시라도 꿈만 같다

아이도 뛰며 만세/ 어른도 뛰며 만세

개 짖는 소리 닭 우는 소리까지/ 만세 만세

산천도 빛이 나고/ 초목도 빛이 나고

해까지도 새 빛이 난 듯/ 유난히 명랑하다

이러한 큰 경사/ 생 외에 처음이라

마음 속속들이/ 기쁨이 가득한데

눈에서는/ 눈물이 쏟아진다

억제하려 하니/ 더욱더욱 쏟아진다

천대 학대 속에/ 마음과 몸이 함께 늙어

조만한 슬픈 일엔/ 한 방울 안 나오도록

눈물이 말랐더니/ 눈물에 보가 있어

오랫동안/ 막혔다가/ 갑자기 터졌는가?

우리들 적의 손에 잡혀갈 때/ 깨끗한 몸 더럽히지 않으시려
멀리멀리 가신 님이/ 이젠 다시 오시려나
어느 곳에 가 계실지/ 이날을 아시는지
소식이나 통할 길이 있으면/ 이다지 애닮으랴

어제까지 두 손목에/ 매어 있던 쇠사슬이
가뭇없이 없어졌다/ 요술인 듯 신기하다
오래 묶여 야윈 손목/ 가볍게 높이 치어들고
우리님 하늘 우에 계시거든/ 쇠사슬 없어진 것 굽어보소서

님에 받은 귀한 피가/ 핏줄 속에 흐르므로
이 피를 더럽힐까/ 남에 없이 조심되고
님에 없이 근심되어/ 염통 한 조각이나마
적에게 빼앗기지 않으려고/ 구구히 애를 썻사외다

국민 의무 다하라고/ 분부하신 님의 말씀
해와 같고 달과 같이/ 내 앞길을 비춰준다
아름다운 님의 이름/ 더 거룩히는 못 할지라도
님을 찾아가 보입는 날/ 꾸중이나 듣지 않고저

1945년 8월 15일의 패전 일본과 해방 한국의 상황.

해방은 식민지란 과거의 기억을 지우면서 동시에 새롭게 구성된 민족국가의 기억을 만드는 과정과 병행되었다. 민족 공동체의 과거는 재정리되고 미래를 새롭게 구상해야 했다. 1945년 8월 해방 이후 식민지의 물적·인적 유산을 철폐해야 했고, 국민국가 수립을 위한 역사를 새롭게 정리해야 했다. 동경삼재가 해방이 되어 하고 싶었던 일과 했던 일은 무엇일까?

해방 직후에 관한 기억과 활동

우선 동경삼재는 해방을 언제 알았고, 어떻게 이해했을까? 해외와 달리 국내는 정보가 제대로 전달되지 않았다. 단파 라디오를 통해 전쟁 상황을 파악하던 조선인도 있었지만 이들은 소수였다. 역시 조선총독부 관리나 신문기자들이 먼저 알았다. 동경삼재 가운데 최남선이 해방을 가장 먼저 알았다. 손자 최학주에 따르면 그는 1945년 8월 12일에 언론계에 있던 심우섭으로부터 일본의 항복 결정을 연락받았다고 한다. 최남선은 "예상보다 빨리 와서 너무 좋아"했다고 한다.

최남선은 8월 13일 아침에 계동에 있는 심우섭의 집에 머물렀고, 8월 15일 새벽에 여운형의 방문을 받았다고 한다. 조선총독부는 패전 이후 조선에 있는 일본인의 신변 보호와 안전 귀환을 위해 국내의 지도급 인사들과 행정권 이양 교섭을 벌였다. 여운형은 일제 말 조직했던 건국동맹을 바탕으로 건국준비위원회를 만들고 활동을 시작했다. 손자에 따르면 여운형이 건국준비위원회에 참여를 요청했지만, 최남선은 여동생의 남편인 박석윤을 조선총독부와의 교섭 대리인으로 추천하고 우이동으로 돌아왔다고 한다.

이광수는 하루 지난 8월 16일 아침에 해방을 알았다. 『나의 고백』에서 밝혔듯이, 이광수는 평소에 집 앞에서 근로봉사를 하던 사람들이 나오지 않아 궁금했는데 집안 친척이 와서 그에게 해방을 알려주었다고 한다. 같은 글에서 "앞으로 나 자신이 어떻게 할까 하는 데 대하여서는 여러 가지로 생각이 있었으나, 결국 가만히 있기로 하고 나는 역사와 철학 서적을 읽으면서 그날, 그날을 보내었다"라고 밝혔다. 그가 읽은 책은 조선 시대에 관한 야사野史, 중국의 고전인 시경, 서경, 주역과 그리스, 로마, 영국, 미국, 러시아의 역사였다고 한다.

일반적으로 역사 속에서 사회적 활동에 적극적인 지식인은 행위자actor와 이를 기억해서 설명하는 자narrator로 참여한다. 특히 식민지와 해방이란 역사적 경험은 이들 지식인에게 기억을 새롭게 정리하는 작업에 참여하길 요구했다. 동경삼재의 해방 직후 행적은 어떠했을까? 이들은 일제강점기의 행적을 바탕으로 격변기에 각자 행위자와 설명자로서 참여했다.

해방 직후 최남선은 정치적 활동 요청을 받아들이지 않았다. 이광수도 『나의 고백』에서 "7, 8년간 내가 걸어오던 길, 하여오던 생각에서 벗어난 나는 완전히 무념무상의 심경으로 세계와 우리 민족의 장래에 대하여 명상할 여유가 있었다. 왜 그런가 하면, 나는 다시는 세상에 안 나설 사람이기 때문이다. 과거 7, 8년 걸어온 내 길이, 그 동기는 어찌 갔든지 민족정기를 보아서 나는 진정하게 대도大道를 걸은 사람이 아니었다"라고 밝혔다. 그는 자신이 세상에 나서서는 안 되는 사람이기에 칩거하기로 했다고 한다.

반면 홍명희는 적극적으로 활동했다. 해방 직후 고향 괴산에 있었던 그는 충북 괴산군 치안유지회 회장으로 추대되었다. 곧 서울로 올라와 1945년 9월 4일 '임시정부 및 연합군 환영준비위원회'의 고문, 12월에는 '대한민국 임시정부 개선 전국환영대회'의 부회장으로 추대되었다. 아울러 1945년 12월 15일에는 '김일성 장군 무정 장군 독립동맹 환영준비위원회'의 위원장으로 선임되었다. 또한 앞서 언급한 해방에 관한 기념시 「눈물 섞인 노래」를 썼다. 그리고 1945년 11월부터 1946년 3월까지 서울신문사 고문으로 재직했다.

홍명희는 1945년 12월 13일 조선문학가동맹의 중앙집행위원장이 되었다. 같은 달 15일에 에스페란토 조선학회 위원장에 선임되었고, 27일에는 조선과 소련 사이의 문화 교류를 목적으로 한 조소朝蘇문화협회에 발기인으로 참여했다. 그리고 1946년 2월 8~9일 종로 YMCA에서 열린 조선문학자대회에서 조선문학가동맹의 중앙집행위원장으로 인사말을 했다.[2] 문화계와 사회단체에서의 활동은 활발히 했지만 조선공산당에는 참여하지 않았다. 1948년에 그는 "공산당원되기는 영 틀렸소"라고 했다. "공산주의자가 나 같은 사람을 보면 구식이라고 또 완고하다고 나무라겠지만 그래도 내가 비교적 이해를 가지는 편"[3]이라고 그 이유를 밝혔다.

모스크바삼상회의와 좌우의 분열

해방의 기쁨은 잠시였다. 우리 현대사에서 하나의 큰 기점이 된 사건은 1945년 12월에 소련에서 열린 미국, 영국, 소련의 외상이 모였던 모스크바삼상회의였다. 이 회의에서 신탁통치가 결정되어, 해방된 우리 민족 공동체는 찬탁과 반탁으로 나뉘었다. 좌익과 우익의 대립 속에서 이 사안이 민족적 분열을 야기할 수 있었으므로 불안감이 고조되었다. 홍명희는 신탁통치에 반대했다. 그리고 1946년 초 좌익과 우익 양 진영에 항의하는 성명서를 발표했다. 그는 당시 조선의 대표적인 '민족통일자'[4]로 활동했다.

『동아일보』 1945년 12월 27일 자에 실린 모스크바삼상회의 기사.

이광수와 최남선은 신탁통치에 관해 입장을 표명하지 않았다. 하지만 반탁 진영에 속해 있었던 것 같다. 이광수는 이 시기의 심정을 『나의 고백』에서 "문학이나 학문의 일은 국가의 죄인이라도 할 수 있는 일이 아니냐"라고 밝혔다. 그리고 "산에서 나와 다시 소설을 쓰게 되었다"라면서 활동을 시작했다.

해방 공간에서 동경삼재 가운데 최남선이 가장 왕성하게 집필을 했다. 그는 새로 독립된 국가의 구성원에게 쉽고 간단한 한국사를 알려 주는 것이 시급한 임무라고 생각했다. 그래서 자신의 한국사 책들이 조선인들에게 역사의 요긴한 사실을 계통적으로 이해하는 데 도움을 주는 교양서로 활용되길 바랐다.

최남선이 해방된 조선에서 먼저 하고 싶은 이야기는 무엇이었을까? 일제가 만든 부정적인 조선인 상像에 반대하고 일본을 비판했다. 예를 들면 『쉽고 빠른 조선 역사』(1946)에서 일제가 "마치 조선이 옛날에도 일본에 눌려 지낸 것 같은 인상을 일반에게 주려"고 했다고 비판했다. 이러한 부정적인 민족성에 관한 기억을 지우고자 했다. 그리고 『조선 상식 문답』에서는 일본을 '골방 속 색시'로, 조선을 '늠름한 여장부'로 표현했다. 제국은 강하고 식민지는 약하다는 것이 제국주의의 일반적 논리였는데, 이제 서로의 강약強弱이 바뀐 서술이 가능해진 것이다.

일제강점기의 역사에서 기억하고 싶었던 내용은 무엇인가? 연합국의 도움이 있었지만 해방을 우리 손으로 얻었다는 점을 강조했다. 『국민 조선 역사』(1947)에서 "일본은 폭력과 오만, 사기와 거짓의 끝에 저들 나라는 망하고, 조선인은 내외일치, 불요불굴한 협동력으로써 민족 부흥의 서광을 맞이"한 것으로 해방을 서술했다. 그리고 민족적 분열이 식민지화의 원인이 되었기에 민족적 일치가 요구된다고 주장했다. 단합의 강조는 1946년부터 국내에서 벌어진 좌우익 사이의 분열에 대한 당부라고 볼 수 있다.

하고 싶은 일과 해야 할 일

또한 최남선은 민족운동사를 정리하면서 3·1운동에서 자신이 독립선언서를 작성했던 것과 잡지『소년』의 간행, 조선광문회의 조직 및 청년학우회 총무로서 활동한 것 등을 강조했다. 그리고『성인교육 국사독본』(1947)에서 해방 후 중국 동북 지역이 고구려의 옛 땅이므로 '구토舊土를 회복'해야 한다고 주장했다.『쉽고 빠른 조선 역사』에서도 간도間島와 만주를 "반만 년 전부터 마련된 단군의 땅"이라고 해서 대외 팽창적 민족주의를 강조했다.

이러한 논리를 전개하기에는 최남선과 이광수는 일제의 침략 전쟁에 동조했던 과거가 있었다. 따라서 단합을 주장하는 것이 좌우익 사이의 분열에 대한 경고일 수 있지만, 자신에 대한 면죄부로도 읽힐 수 있었다. 아울러 고토故土를 회복하자는 논리는 대외 팽창적 민족주의적 성향을 지닌 우파 사이에 공감대를 형성할 수 있는 사안이면서 최남선 자신을 변호하는 논리였다.

해방 공간에서 최남선과 이광수가 우파 진영에 속해 있었다면 홍명희는 "온유돈후하고 겸허하며 학자적인 풍모의 중간파"[5]라고 알려졌다. 또한 그는 문학작품을 쓰는 작가로 남길 희망했다. 그는 "대중을 계몽하는 계몽적 작품을 많이 써야"[6] 하는 것이 작가의 임무이며, 문학작품을 매개로 미신과 인습 타파를 위해 과학사상을 보급해야 한다고 밝혔다.[7] 사회주의 계급문학과 관련해서는 "내가 공산주의자라고 내세우는 것이 드러나는 작품을 무척 많이 생산하는 작가는 못마땅해요."[8]라고 해서 이념적 경향성을 너무 내세우는 것에 비판적이었다. 이렇듯 그는 좌우의 대립 상황에서 유연한 입장을 견지했다.

이상에서 보았듯이, 식민지에서 벗어난 상황에서 국가와 민족은 과거 식민 지배를 당했던 시절의 경험을 재정리해야 했고, 그 정리 과정은 향후 수립될 국민국가의 지향점과 연동되어야 했다. 해방이란 상황에서 홍명희는 좌우의 분열을 막아 하나가 된 민족국가를 수립하고자 했다. 반면 이광수와 최남선은 일제 말 친일 행위로 실추된 문화적 권위를 해방 공간 안에서 복원하고자 시도했다. 특히 최남선이 출판했던 조선 역사와 문화 관련 책의 내용은 민족주의 우파의 논리를 반영했고, 그 자신에게는 친일 행위의 면죄부로 삼고자 했다. 하지만 대한민국 정부 수립 이후 친일파 청산 문제가 중요한 화두로 다시 제기되었다.

또 다른 선택
분단국가 수립과 6·25 전쟁

해방 후 이광수는 "유창한 문장으로 황도선양皇道宣揚을 고취한 친일광수親日狂洙"[1] 또는 "황도皇道의 매문가賣文家"로, 최남선은 "변절한 역사가"로 평가되었다.[2] 이름자에 들어가는 빛 광光 자 대신에 미칠 광狂 자를 넣은 것도 큰 상처지만, 지식인에게 문장을 팔아먹었다는 매문과 지조의 반대인 변절이란 주홍 글씨는 크나큰 모욕이었다. 1945년 8·15 해방 이후 무슨 일이 있었던 것일까?

일제 말 전시체제기에 식민지 조선인에게 학병·지원병·징병 또는 징용을 주도적으로 선전 또는 선동·강요하는 행위는 적극적인 친일이다. 일제의 조선 청년을 침략 전쟁에 동원하고자 한 요구에 홍명희는 침묵으로 저항했으며, 최남선과 이광수는 적극적으로 응했다. 심지어 최남선과 이광수는 일제의 패배가 가시화되던 1944~1945년

시점에서도 이를 미리 전망하지 못했을 뿐만 아니라 일제의 승리에
관한 믿음을 가지고 조선 청년에게 가미카제 정신을 받아들여야 한다
고 강변했다.

일제강점기에 대한 청산 문제

동경삼재는 일제의 지배 정책의 변화 속에서 각각 다른 정치적 선
택과 삶을 살았으며, 해방 후 이들의 삶은 신국가新國家 건설 과정에
서 각기 다르게 전개되었다.

제2차 세계대전 후 식민지·반식민지를 경험했던 나라들 대부분이
독립을 맞이했다. 식민지 조선의 '탈식민'은 식민 지배의 실체를 규명
함과 동시에 일제 지배를 극복하고자 했던 민족해방운동의 역사를 새
롭게 정리해야 하는 상황이었다. 이러한 과정에서 중요한 과제는 식
민지 시기와 해방된 시기의 역사를 어떻게 단절할 것이며, 민족국가
단위의 서술에서 일제의 지배 정책에 협력 혹은 타협했던 조선인을
민족 구성원의 범위에서 어떻게 처리할 것인가였다.

'친일파' 청산의 물음은 당위의 차원에서 제기되었지만, 어떠한 범
위에서 어떻게 문제 해결의 방향을 제시할 것인가에 관해서는 해방
공간의 정치적 상황에서 여러 정파에 따라 다양한 형태로 논의되었
다. 또한 '친일파'의 범주 설정에서 친일과 반일의 경계에 서 있던 인
물 혹은 항일 활동을 하다가 친일 행위를 했던 인물에 관한 평가는 복

잡하고 미묘했다. 이를 잘 보여주는 것이 최남선과 이광수다.

1948년 10월 5일 각도 학무국장회의에서는 일선 교육계에 이광수와 최남선의 저서를 교과서나 부교재로 사용하지 않기로 결정했다. 『국제신문』 1948년 10월 7일 자에서 "신정부 수립 벽두에 개최된 각도 학무국장회의에서 '부적당한 교과서의 사용' 문제가 정식으로 취급되어 문교부 지시로 최, 이 양씨의 저서를 학원에서 추방하게 된 것을 찬양하는 바이며 계속하여 비양심적인 교과서의 숙청이 시작될 것을 요망"한다고 보도했다.

이러한 지시에도 불구하고, 당시 서울의 한 중학교에서 최남선의 『조선역사』가 사용되어 물의를 빚었다. 이에 관해 『국제신문』 1948년 10월 24일 자에서 문교부 편수국장 손진태孫晉泰는 "최씨의 저서를 그대로 사용함은 불가不可"하다고 밝혔다. 대한민국 정부가 수립된 지 두 달이 안 된 시기의 결정이다.

최남선, 이광수 등이 반민특위에 체포된 것은 1949년 2월 7일이다. 『서울신문』 1949년 2월 8일 자에 실린 체포 기사에서는 최남선, 이광수를 '친일문화인', '반민문필가反民文筆家'라고 규정했으며, 이들의 구금을 "문필가급級에 처음으로 예리한 메스를 가하게 된 것"이라고 했다.

반민특위의 활동

반민족행위자처벌법이 1948년 9월 22일 공포되고, 반민족행위특별조사위원회는 같은 달 29일에 조직되었다. 최남선과 이광수가 체포되기 며칠 전 반민특위 위원들이 연합신문사 측과 좌담회를 가졌는데, 여기에서도 두 사람의 해방 후 활동이 문제가 되었다.『연합신문』 1949년 2월 2일 자 기사 내용을 살펴보자.

- 연합신문사 : 반민법 제4조에는 사상 문화 방면에 종사한 자에 대해서 규정되어 있는데 이광수, 최남선 같은 이들은 반민법이 실시된 오늘날에 있어서도 자기들의 작품을 당당히 발매하고 있는데 … 또 공민권公民權의 박탈이라는 말 속에는 저작권도 해당되는지?
- 노일환 : 그들은 아직 처벌을 받지 않았으니까 그런 저술을 자꾸 하고 있지만 일제에 민국을 팔아가면서 문화면에 중대한 영향을 준 도배徒輩의 처단에 있어서는 저작권이 허용되어서는 안 될 것이며 처단을 받을 때에는 상당한 조치가 있을 것입니다. 그리고 이광수의『나의 고백』이란 것이 잘 팔리는 것은 그가 반민족행위자로 낙인이 찍혀 있으니까 잘 팔리는 것이지 그 책이 좋아서 잘 팔리는 것은 아니라고 봅니다.

해방 공간에서도 그러했듯이 최남선, 이광수를 반민특위가 구금한 이후에도 두 사람의 저서는 지속적으로 판매되어 사회 문제가 되었

1948년 10월 반민특위 전남 조사부가 설치한 투서함.

다. "일제에 민국을 팔아가면서"라는 표현은 전시체제기 최남선과 이광수의 전쟁 협력 활동을 말한다. 최남선의 책은 1948년 이래 교육계에서 사용할 수 없게 되었지만, 1949년에도 여전히 "최남선의 역사가 아니면 강의할 수 없다"고 찾는 사람이 많았다.

해방 후 최남선의 책이 출판되는 것은 독자의 수요가 있기에 출판업자들이 책을 찍는 것이었지만, 최남선은 자신의 책이 팔리는 것을 『국제신문』 1948년 10월 7일 자에서 "내가 친일파인가 아닌가는 나의 저서가 굉장히 팔리는 것으로 보아 넉넉히 짐작할 수 있지 않은가"라고 하여 자신의 친일 혐의를 벗는 방안으로 이용했다.

정교한 변명인 『나의 고백』

최남선보다 정교한 친일의 변명을 준비한 인물은 이광수였다. 그의 자전적 글쓰기인 『나의 고백』은 내용 대부분이 전시체제기 그의 행적에 대한 변호이며, 반민특위에 대응하기 위한 것이었다. 그의 기본적 논리는 자신의 행동이 일본 제국주의를 위한 친일이 아니라 조선 민족의 앞날을 위한 것이었다는 것이다.

나 개인의 형편으로 말하건대, 병이라 칭하고 가만히 누워 있으면 그만이다. … 그러나 일본에 협력하는 자로 내가 폐를 차고 나선다면 내 앞길에는 욕밖에 없을 것을 나는 잘 알았다. 최린, 최남선, 윤치호 등의 전례가 있지 아니하냐. 제 몸을 팔아서 아버지의 고난을 면케 하려는 심청의 심경밖에 있을 것이 없었다. 다른 친일파는 어떠한지 몰라도 내가 하려는 친일은 돈이나 권세나 명예가 생기는 노릇은 아니었다. … 민족을 위해서 산다고 자처하던 나로서 마지막으로 할 일이라고 아내에게 말했다.

• 이광수, 『나의 고백』에서

이광수는 돈, 권세, 명예 등 개인의 사적 이익이 아닌 조선 민족을 위해 친일을 했다고 주장했다. 그래서 자신의 친일과 다른 친일파를 구별했다. 그리고 『나의 고백』에서는 계속해서 자신처럼 민족을 위했던 인물로 최린, 최남선, 윤치호 등을 들고 있다. 그는 구체적으로 불가항력적 상황이었다며 친일의 논리를 일곱 가지로 정리했다.

① 물자 징발이나 징용·징병이나 우리 협력 여부와 상관없이 일제가
   강제로 진행할 것.
② 어차피 당할 일이면 자진하여 협력하는 것이 장래 일본에 대하여
   우리의 발언권을 주장하는 데 유리.
③ 억지로 끌려가는 것이 아니라 자진하는 태도로 가면 대우도 나을
   것.
④ 징병과 징용을 면할 수 없으면 우리 편이 이익되도록 이용하는 것
   이 상책―기술 및 군사 훈련을 배우는 기회.
⑤ 수십 만 명의 군대를 파견하면 일본이 우리를 학대하지 못할 것 즉
   '내선 차별'을 못 할 것.
⑥ 일본이 이긴다면 일본인과 평등권을 얻을 수 있을 것. 민족적 실력
   을 양성하여 독립에 한걸음 다가갈 수 있음.
⑦ 일본이 지더라도, 친일 협력 여부가 독립 여부와 무관. 왜냐하면 피
   식민자이기 때문에 통치자가 이끄는 대로 따랐을 뿐.

• 이광수, 『나의 고백』에서

　　개인적 차원에서 선택을 했다거나 선택을 강요받았다는 상황 논리
를 비판하기는 쉽지 않다. 그리고 이러한 논리를 좇아가다 보면 "나는
일본에 반항할 일을 생각하여보았다. 그러나 이것은 불가능인 것 같
았다. 훈련받은 장정이 없고 또 무기가 없으니 무력을 대항할 수는 엄

두도 낼 수 없고"라고 『나의 고백』에서 밝힌 시대적 불가항력을 인정해야 한다.

또한 이광수가 같은 글에서 "자신의 장기가 말과 글이라는 것이 시국의 회피에 불리한 조건이 되었다. 이러한 사정이 내가 몸을 시국의 희생으로 던지게 한 한 원인도 되었다"라고 한 것처럼 민족을 위해 일신의 명예와 영광을 버린 '희생자'가 된다. 심지어 "이 협력의 태도를 보이려면 노상 희생이 없는 것은 아니었다. 그것은 몇 사람의 애국자로서의 명예를 희생하는 것"이라고 해서 애국자임을 표방하는 거짓 논리가 된다.

홍명희는 최남선과 이광수의 전시체제기 친일 행적이 문제 될 것을 알고 있었다. 1946년에 홍명희, 김남천, 이태준이 함께한 조선 문학사를 정리하는 좌담회에서 홍명희는 "조선 문학사에서 최남선·이광수 두 사람을 무시할 수는 없을 테지"라고 전제하면서도 "작가와 작품과의 거리 문제는 앞으로 많이 토의되어야 할 문제"[3]라는 신중한 입장을 취했다. 아울러 반민특위의 활동이 시작되기 직전인 1948년에 "잔재 소통은 이론적으로 좋소. 그러나 개인 개인이 문제 될 때 기준을 어디다 세우느냐 하는 것은 어려운 문제이고 하니 숙청될 것은 시간이 귀결 지을 것"[4]이라고 전망했다.

분단과 전쟁 그리고 서로 다른 선택

찬반탁 논의가 치열해진 과정에서 홍명희는 중간파 활동을 1946년부터 시작했다. 같은 해 8월 민주통일당 결성을 준비하고, 12월에는 『서울신문』에 「나의 정치 노선」을 발표했다. 이 글에서 그는 좌우 대립을 지양하고 공동 투쟁을 해야 하며 미국과 소련 양국에 다 같이 우호적인 태도를 취해야 한다고 주장했다.[5]

1947년 6월 여운형의 암살은 좌우의 분열을 조정할 대중 정치가의 죽음을 의미한다. 홍명희는 「곡哭 몽양」이라는 조사를 썼고, 여운형의 장례준비위원회 의장단의 한 명으로 참가했다. 이러한 상황에서 김규식, 홍명희 등의 '중간파' 활동이 있었다. 중간파는 이데올로기에 따라 나뉜 좌파와 우파를 아울러 민족의 단합이라는 정치적 노선을 지향한 인물들이었다.

1947년 9월 12일 홍명희는 자기 집에서 설의식과 대담했다. 설의식은 일제강점기 니혼日本대학을 나와 동아일보사에서 기자와 편집국장을 지냈다. 해방 후 『동아일보』가 복간되자 주필을 맡았고 1947년에 『새한민보』를 창간했다. 이 자리에서 그는 "현 단계의 조선에서는 이념의 차이는 있을 수 없고 오직 독립"이 중요하다고 강조했다.[6] 그리고 1947년 10월 민주독립당을 창당해서 남북한이 추진하고 있는 분단 정부 수립에 적극 반대했다.[7]

한편 1948년 9월 반민족행위자처벌법이 국회를 통과하고, 그해 10월 반민족행위특별조사위원회가 설치되었다. 최남선과 이광수는

왼쪽부터 1941년 효자동 자택에서의 이광수, 1948년 무렵의 홍명희, 평양 근교 애국열사릉에 있는 홍명희의 묘.

1949년 2월 체포되어 서대문 형무소에 수감되었다. 그러나 얼마 되지 않아 이광수는 3월에, 최남선은 4월에 보석으로 풀려나왔다. 최남선은 5월 공판을 받았으나, 반민특위의 활동이 소강상태에 빠지면서 더 이상 재판을 받지 않았다. 이광수는 9월에 불기소 결정을 받았다.

홍명희는 1948년 4월 북으로 향했다. 같은 달 25일 평양에서 개최된 남북연석회의에 참석하기 위해서였다. 그는 이 회의에서 「민족과 강토의 분열을 막기 위하여」라는 담화를 발표했다. 이러한 활동은 "그의 성품과 달리 매우 적극적으로 남북의 좌우합작을 위하여 노력했다"[8]라고 평가된다. 그리고 그의 가족은 1948년 8월 북한으로 이주했다.

반민특위의 활동이 주춤한 사이에 최남선과 이광수는 무혐의 처분을 받았다. 그리고 6·25전쟁으로 '친일파 청산' 문제는 수면 아래로 잠겨버렸다. 서로 간의 이념을 앞세운 분단은 6·25전쟁으로 이어졌고, 무력의 방식으로 분단 문제를 해결하고자 했던 6·25전쟁은 또 다시 분단을 고착화시키고 말았다.

전쟁과 분단의 고착화는 이들 동경삼재의 죽음의 장소에 반영되었다. 홍명희는 1968년 북한에서, 최남선은 1957년 서울 우이동에서, 이광수는 1950년 납북되어 사망했다. 출생 순서와 거꾸로다.

반민특위에서 불기소 결정을 받은 이광수는 1950년에 소설 『사랑』, 『유정』 등을 재간행했다. 6·25전쟁이 일어난 후 건강이 나빠 피난을 가지 못했다. 그러다가 7월 12일 납북되어 평양으로 강제 이동되었다. 심한 동상에 걸려 사경을 헤매던 중 홍명희의 도움으로 병원에 후송되어 치료를 받았다고 전해진다. 그리고 10월 20일 지병인 폐결핵의 악화로 사망했다고 알려졌다.[9]

최남선은 6·25전쟁 당시 해군전사편찬위원회 일을 했고, 남해의 이순신 전적을 답사하기도 했다. 휴전 후 서울에 올라와 시울시 시사편찬위원회의 고문을 맡았고, 육군대학에서 한국사 강의를 했다. 1955년 4월 뇌일혈로 병석에 눕게 되었다. 와병 중에 구술로 시조와 논설을 발표하다가 1957년 10월 10일 예순여덟 살로 삶을 마감했다.[10]

홍명희의 북한에서의 활동을 살펴보면 다음과 같다.[11] 그는 1948년 9월 북한에서 부수상의 자리에 올랐다. 그리고 1952년 10월 과학원 원장이 되었다. 1954년부터 1955년 사이에 북한에서 그의 소설 『임꺽정』이 모두 6권으로 간행되었다. 1961년에는 조국평화통일위원회

초대 위원장이 되었고 1962년에 부수상직을 사임하고 최고인민회의
상임위원회 부위원장으로 선임되었다. 1968년 3월 5일 사망했다. 그
의 나이 여든하나였다.

참 고 문 헌

동경삼재의 자전적 글

- 이광수, 「그의 자서전」, 『조선일보』 1936. 12. 22.~1937. 5. 1.
- ____, 『나: 소년편』, 1947. 12.
- ____, 『나: 스무 살 고개』, 박문서관, 1948. 10.
- ____, 『나의 고백』, 생활사, 1948. 12.
- 최남선, 「『소년』의 기왕과 및 장래」, 『소년』 3-6, 1910. 6.
- ____, 「서재한담」, 『새벽』, 1954년 12월호.
- 홍명희, 「자서전」, 『삼천리』 1~2, 1929. 6, 9.

단행본

- 姜德相, 『朝鮮人學徒出陣』, 岩波書店, 1997.
- 강만길, 『고쳐 쓴 한국 현대사』, 창작과비평사, 1994.
- 강영주 엮음, 『벽초 홍명희와 임꺽정의 연구자료』, 사계절, 1996.
- 강영주, 『벽초 홍명희 평전』, 사계절, 2004.
- ____, 『그들의 문학과 생애 홍명희』, 한길사, 2008.
- 권두연, 『신문관의 출판 기획과 문화운동』, 고려대학교민족문화연구원, 2016.
- 김 구, 도진순 주해, 『백범일지』, 돌베개, 2002.
- 김기주, 『한말 재일 한국 유학생의 민족운동』, 느티나무, 1993.
- 김도형, 『대한제국기의 정치사상 연구』, 지식산업사, 1994.
- 김동인, 김치홍 엮음, 『김동인평론전집』, 삼영사, 1984.
- 김윤식, 『이광수와 그의 시대』 1·2, 솔, 1999.

- _____,『일제 말기 한국인 학병세대의 체험적 글쓰기론』, 서울대학교출판부, 2007.
- 김학민 · 정운현 엮음,『친일파 죄상기』, 학민사, 1993.
- 김현주,『이광수와 문화의 기획』, 태학사, 2005.
- 님 웨일즈, 조우화 옮김,『아리랑』, 동녘, 1984.
- 류시현,『최남선 연구』, 역사비평사, 2009.
- _____,『최남선 평전』, 한겨레출판, 2011.
- 바트 무어길버트, 이경원 옮김,『탈식민주의 저항에서 유희로』, 한길사, 2001.
- 박진영,『신문관—번역 소설 전집』, 소명출판, 2010.
- 박찬승,『한국근대정치사상사연구』, 역사비평사, 1992.
- 방기중,『한국근현대사상사연구』, 역사비평사, 1992.
- 백 철,『조선신문학사조사』, 수선사, 1948.
- 베네딕트 엔더슨, 윤형숙 옮김,『상상의 공동체』, 나남출판, 2002.
- 쓰가와 이즈미, 김재홍 옮김,『JODK, 사라진 호출 부호』, 커뮤니케이션북스, 1999.
- 신상초,『탈출』, 연문각, 1966.
- 아시아평화와역사교육연대 엮음,『한 · 중 · 일 3국의 8 · 15 기억』, 역사비평사, 2005.
- 안병직 외 지음,『오늘의 역사학』, 한겨레신문사, 1998.
- 와다 토모미, 방민호 옮김,『이광수 장편소설 연구』, 예옥, 2014.
- 육당 최남선선생기념사업회 엮음,『육당이 이 땅에 오신 지 백주년』, 동명사, 1990.
- 윤경로,『105인사건과 신민회 연구』, 일지사, 1990.
- 윤치호, 김상태 편역,『윤치호 일기』, 역사비평사, 2001(윤치호, 김상태 편역,『물 수 없다면 짖지도 마라』, 산처럼, 2013 개정판).
- 윤택림,『인류학자의 과거 여행』, 역사비평사, 2004.
- 이강수,『반민특위연구』, 나남출판사, 2003.
- 이광수, 최종고 엮음,『나의 일생—춘원자서전』, 푸른사상, 2014.
- 이균영,『신간회 연구』, 역사비평사, 1993.
- 이병기,『가람문선』, 신구문화사, 1966.

- 이승원, 『학교의 탄생』, 휴머니스트, 2005.
- 이영화, 『최남선의 역사학』, 경인문화사, 2003.
- 1·20동지회중앙본부, 『1·20학병사기(史記)』 1, 삼진출판사, 1987.
- 전성곤, 『근대 조선의 아이덴티티와 최남선』, 제이앤씨, 2008.
- 정정화, 『장강일기』, 학민사, 1998.
- 정진석, 『언론과 한국현대사』, 커뮤니케이션북스, 2001.
- 정한모, 『최남선작품집』, 형설출판사, 1977.
- 조동걸, 『현대한국사학사』, 나남출판, 1998.
- 최승만, 『나의 회고록』, 인하대학교출판부, 1985.
- 최주한, 『이광수와 식민지 문학의 윤리』, 소명출판, 2014.
- 최학주, 『나의 할아버지 육당 최남선』, 나남, 2011.
- 최현식, 『최남선 근대시가 네이션』, 소명출판, 2016.
- 친일반민족행위진상규명위원회, 『친일반민족행위진상규명보고서』 IV, 현대문화사, 2009.
- 하타노 세츠코, 최주한 옮김, 『『무정』을 읽는다』, 소명출판, 2008.
- 한국정신문화연구원 한민족문화연구소 엮음, 『내가 겪은 해방과 분단』, 선인, 2001.
- 한용진, 『근대 한국 고등교육 연구』, 고려대학교민족문화연구원, 2012.
- 허 종, 『반민특위의 조직과 활동』, 선인, 2003.
- Andre Schmid, *Korea between Empires 1895-1919*, Columbia University Press, 2002.
- Leela Gandhi, *Postcolonial Theory—A critical Introduction*, Columbia University Press 1998.
- Nicholas Dirks, Geoff Eley and Sherry Ortner, *Culture/Power/History—A Reader in Contemporary Social Theory*, Princeton University Press, 1994.

논문

- 姜海守, 「'親日'と'帝國意識'の峽間で」, 『일본문화연구』 20, 2006.
- 곽은희, 「만몽문화의 친일적 해석과 제국 국민의 창출」, 『한민족어문학』 47, 2005.
- 김승환, 「해방 이후 벽초 홍명희의 문학과 사상」, 『한국학보』 117, 일지사, 2004.
- 박종린, 『일제하 사회주의사상의 수용에 관한 연구』, 연세대학교 박사학위 논문, 2006.
- 박진영, 「창립 무렵의 신문관」, 『사이間SAI』 7, 2009.
- 이명화, 「한말 일제의 일본어 보급 실태」, 『충북사학』 11 · 12합집, 충북대학교 사학과, 2003.
- 전성곤, 「만주 '건국대학' 창설과 최남선의 '건국신화론'」, 『일어일문학연구』 56, 2006.

주 석

머리말: 한국 현대사와 동경삼재

1. Nicholas Dirks, Geoff Eley and Sherry Ortner, *Culture/Power/History—A Reader in Contemporary Social Theory*, Princeton University Press, 1994, p. 6.

2. 조지형, 「'언어로의 전환'과 새로운 지성사」, 안병직 외 지음, 『오늘의 역사학』, 한겨레신문사, 1998, 199~260쪽 참조.

3. 「文人印象互記」, 『개벽』 44, 1924. 2, 103쪽.

4. 신형철, 「名士諸氏 맛나기 前 생각과 맛난 後의 印像」, 『별건곤』 11, 1928. 2, 64쪽.

5. 「洪碧初·玄幾堂 대담」, 『조광』 7-8, 1941. 8, 104쪽.

6. 임형택·강영주 엮음, 『벽초 홍명희와 『임꺽정』의 연구자료』, 사계절, 1996; 강영주, 『벽초 홍명희 연구』, 창작과비평사, 2000; 강영주, 『벽초 홍명희 평전』, 사계절, 2004; 강영주, 『그들의 문학과 생애 홍명희』, 한길사, 2008 참조.

7. 최남선의 역사, 문화 연구에 관한 최근 저서를 살펴보면, 이영화, 『최남선의 역사학』, 경인문화사, 2003; 류시현, 『최남선 연구』, 역사비평사, 2009; 전성곤, 『근대 조선의 아이덴티티와 최남선』, 제이앤씨, 2008; 박진영, 『신문관—번역 소설 전집』, 소명출판, 2010; 최현식, 『최남선 근대시가 네이션』, 소명출판, 2016; 권두연, 『신문관의 출판 기획과 문화운동』, 고려대학교민족문화연구원, 2016 등이 있다.

8. 문학 영역에서는 김윤식, 『이광수와 그의 시대』 1·2, 솔, 1999, 역사학의 영역에서는 박찬승, 『한국근대정치사상사연구』, 역사비평사, 1992를 주로 활용했다. 이광수 관련 연구 논저 목록에 관해서는 김현주, 『이광수와 문화의 기획』, 태학사, 2005, 321~331쪽 참조.

9. 김현주, 같은 책, 196쪽.

제1부 동경삼재와 만남

전통과 근대의 충돌: 어린 시절

1. 김윤식, 『염상섭 연구』, 서울대학교출판부, 1987, 131쪽.

2. 이영화, 『최남선의 역사학』, 경인문화사, 2003, 20~22쪽.

3. 박진영, 「창립 무렵의 신문관」, 『사이間SAI』 7, 2009, 12~13쪽.

4. 최학주, 『나의 할아버지 육당 최남선』, 나남, 2011, 42쪽.

5. 김윤식, 『이광수와 그의 시대』 1, 솔, 1999, 51쪽.

6. 김구, 도진순 주해, 『백범일지』, 돌베개, 2002, 41쪽.

작은 출발, 큰 간극: 신학문 수련

1. 조용만, 「신문화운동의 거얼(巨擘) 최남선」, 『인물한국사』, 박우사, 1965, 378쪽.

2. 이광린, 「한역 기독교 서적의 한국 전래와 그 영향」, 『개화기연구』, 일조각, 1994, 2쪽.

3. 요한(주요한), 「어렸을 때 본 책」, 『조선문단』 4-1(17), 1927. 1, 31쪽.

4. 김구, 도진순 주해, 『백범일지』, 돌베개, 2002, 115~116쪽.

5. 강영주, 『그들의 문학과 생애 홍명희』, 한길사, 2008, 22쪽.

6. 한용진, 『근대 한국 고등교육 연구』, 고려대학교민족문화연구원, 2012, 324~360쪽.

7. 조용만, 「신문화운동의 거얼 최남선」, 1965, 379쪽.

8. 김원극, 「교육방법 필수(必隨) 기국정도(其國程度)」, 『서북학회월보』 1, 1908. 6, 4~5쪽.

9. 계봉우, 「학교의 폐해」, 『태극학보』 26, 1908. 11, 17쪽.

근대 학문의 세례: 일본 유학과 입학

1. 필자 미상, 「부끄러운 일」, 『독립신문』, 1899. 1. 28.

2. 한샘(최남선), 「동경 가는 길」, 『청춘』 7, 1917. 5, 75쪽.

3. 清原貞雄, 『明治時代思想史』, 大鐙閣, 1921, 266~267쪽.

4. 하타노 세츠코, 최주한 옮김, 『일본 유학생 작가 연구』, 소명출판, 2011, 45쪽. 이전
에는 최남선이 다닌 학교를 와세다대학 고등사범부 역사지리과 혹은 고사부 지리
역사과로 서술해왔다.

'동양의 런던'인 동경: 첫 만남

1. 이광수는 1905년으로 회고했는데, 홍명희와 이광수는 1906년 초에 처음 만났다. 그
리고 강영주는 "홍명희는 당시의 이광수로는 따라가기 어려운 높은 수준에서 그를
정신적으로 지도하는 그런 관계였던 것 같다"라고 보았다. 강영주, 『벽초 홍명희 평
전』, 사계절, 2004, 69쪽.

2. 같은 책, 67쪽.

3. 「홍명희 · 설정식 대담기」, 『신세대』 23, 1948. 5 ; 임형택 · 강영주 엮음, 『벽초 홍명
희와 임꺽정의 연구자료』, 사계절, 1996, 216쪽.

4. 이상 홍명희의 독서 편력에 관해서는 「조선 문학의 전통과 고전」, 『조선일보』, 1937.
7. 16~18, 「홍벽초 · 현기당 대담」, 『조광』 70, 1941. 8, 「홍명희 · 설정식 대담기」,
『신세대』 23, 1948. 5. 이상 세 개의 자료를 종합했다. 임형택 · 강영주 엮음, 위의 책,
171, 179, 214, 216쪽 재인용.

5. 최남선, 「톨스토이 선생의 교시(教示)」, 『소년』 2-6, 1909. 7, 10쪽.

6. 홍명희의 톨스토이에 관한 논의를 살펴보기 위해 그의 「대(大)톨스토이의 인물과
작품」, 『조선일보』 1935. 11. 23~12. 4 ; 「이조문학 기타」, 『삼천리 문학』 창간호,
1938. 1 ; 「홍명희 · 설정식 대담기」, 『신세대』 23, 1948. 5 등을 참조했다. 임형택 ·
강영주 엮음, 위의 책, 84, 174, 215쪽 재인용.

7. 이광수의 글 목록은 김윤식, 『이광수와 그의 시대』 2, 솔, 1999, 555쪽 ; 최주한, 『이
광수와 식민지 문학의 윤리』, 소명출판, 2014, 12쪽 참조.

8. 이광수, 「육당 최남선론」, 1925. 3 ; 이광수, 『이광수전집』 8, 우신사, 1979, 488쪽.

민족의 발견: 일본 유학 생활

1. 최남선, 「소년시언」, 『소년』 3-3, 1910. 3, 18~19쪽.

2. 최남선, 「『소년』의 기왕과 및 장래」, 『소년』 3-6, 1910. 6, 13쪽.

3. 강영주, 『그들의 문학과 생애 홍명희』, 한길사, 2008, 50쪽.

4. 현승걸, 「동일 염원에 대한 일화」, 『통일예술』 창간호, 광주, 1990; 강영주, 위의 책, 51~52쪽 재인용.

5. 홍명희, 「내가 겪은 합방 당시」, 『서울신문』 1946. 8. 27; 강영주, 위의 책, 53쪽 재인용.

6. 홍기문, 「아들로서 본 아버지」, 『조광』 2-5, 1936. 3; 임형택·강영주 엮음, 『벽초 홍명희와 임꺽정의 연구자료』, 사계절, 1996, 235쪽에서 재인용.

7. 박학보, 「홍명희론」, 『신세대』 1, 1946. 3; 임형택·강영주 엮음, 위의 책, 242쪽 재인용.

제2부 동경삼재와 민족

장밋빛 전망: 귀국과 계몽운동 참여

1. 대한소년회와 『신한자유종』에 관해서는 최주한, 『이광수와 식민지 문학의 윤리』, 소명출판, 2014, 47~48쪽 참조.

2. 최남선, 「십년」, 『청춘』 14, 1918. 6, 7쪽.

3. 「전기왕 에디슨의 소년시절」, 『소년』 2-2, 1909. 2, 33쪽.

4. 『소년』 2-10, 1909. 11 광고.

5. 김구, 도진순 주해, 『백범일지』, 돌베개, 2002, 179~180쪽.

6. 같은 책, 196쪽.

7. 「편집실 통기(通寄)」, 『소년』 3-2, 1910. 2, 91쪽.

8. 「저명인물 일대기」, 『삼천리』 9-1, 1937. 1, 34쪽.

9. 홍명희, 「대 톨스토이의 인물과 작품」, 『조선일보』 1935. 11~12; 임형택·강영주 엮음, 『벽초 홍명희와 임꺽정의 연구자료』, 사계절, 1996, 85쪽 재인용.

10. 최남선, 「왕학제창에 대하여」, 『소년』 4-3, 1911. 5, 1~11쪽.

11. 이광수, 「오도답파여행」, 『매일신보』, 1917. 8. 24.

12. 백철, 『조선 신문학 사조사』, 수선사, 1948, 83쪽.

신경쇠약과 방랑: 강제 '병합' 전후

1. 이광수, 「해삼위(海蔘威)로서」, 『청춘』 6, 1915. 3, 79~83쪽.

2. 이희승 편저, 『국어대사전』, 민중서림, 1998, 2291쪽.

3. 최남선, 「집필자의 문장」, 『소년』 2-2, 1909. 2, 52~53쪽.

4. 이광수, 「상해 이일 저일」, 『삼천리』 10, 1930. 11; 이광수, 『이광수전집』 8, 우신사, 1979, 247쪽.

5. 이광수, 「잊음의 나라로」, 『영대』 5, 1925. 1; 이광수, 『이광수전집』 8, 244~247쪽.

6. 홍기문, 「아들로서 본 아버지」, 『조광』 2-5, 1936. 5; 임형택·강영주 엮음, 『벽초 홍명희와 『임꺽정』의 연구자료』, 사계절, 1996, 235쪽.

7. 호상몽인(이광수), 「上海서」, 『청춘』 4, 1915. 1, 76쪽,

8. 호상몽인(이광수), 「上海서」, 『청춘』 3, 1914. 12, 106쪽,

9. 같은 글, 102쪽.

10. 호상몽인(이광수), 「上海서」, 『청춘』 4, 76쪽,

11. 이광수, 「상해 이일 저일」, 『삼천리』 7, 1930. 7, ; 이광수, 『이광수전집』 8, 24쪽.

12. 「홍벽초·현기당 대담」, 『조광』 70, 1941. 8; 임형택·강영주 엮음, 위의 책, 178쪽 재인용.

13. 강영주, 『홍명희 평전』, 사계절, 2004, 107쪽.

14. 홍명희, 「상해시절의 단재」, 『조광』 2-3, 1936. 4; 임형택·강영주 엮음, 위의 책, 55쪽 재인용.

15. 홍기문, 「아들로서 본 아버지」『조광』 2-5, 1936. 5; 임형택·강영주 엮음, 위의 책, 237쪽 재인용.

16. 강영주, 위의 책, 2004, 119쪽.

문명에 대한 압도: 식민지인의 삶

1. 김동인, 「문단 30년의 조명」, 김치홍 엮음, 『김동인평론전집』, 삼영사, 1984, 421쪽.

2. 箕作元八, 『西洋史講話 訂正 5版』, 東京開成館, , 1910, 1~2쪽.

3. 丘淺次郎, 『進化論講和 修正 7版』, 東京開成館, 1907, 3~5쪽.

4. 이광수, 「동경에서 경성까지」, 『청춘』 9, 1917. 7, 74쪽.

5. 김윤식, 박찬승은 이광수를 포함한 신지식층이 일제 문명에 압도된 측면을 강조했다면, 최주한은 1910년대 이광수의 문명 기획을 높게 평가했다.

민족의 기대: 1910년대 신문화운동 참여

1. 이광수, 「다난한 반생의 도정」, 『이광수전집』 8, 우신사, 1979. 452쪽.

2. 이광수, 「교육가 제씨(諸氏)에게」, 『매일신보』 1916. 11. 29.

3. 최남선, 「후기」, 『청춘』 15, 1918. 9, 17쪽.

4. 육당학인(최남선), 「강호역서기」 2, 『매일신보』, 1916. 10. 25.

5. 육당학인(최남선), 「동도역서기」, 『매일신보』, 1916. 11. 22.

시대의 주인공: 2·8 독립선언과 3·1운동 참가

1. 김동인, 「춘원연구」, 김치홍 엮음, 『김동인평론전집』, 삼영사, 1984, 109쪽.

2. 최남선, 「조선민시론」 1, 『동명』 1, 1922. 9. 3, 1쪽.

3. 최남선, 「조선역사통속강화개제」 5, 『동명』 7, 1922. 10. 15, 8쪽.

4. 홍명희, 「문학에 반영된 전쟁」, 『조선일보』 1936. 4. 1; 임형택·강영주 엮음, 『벽초 홍명희와 임꺽정의 연구자료』, 사계절, 1996, 88쪽 재인용.

5. 강영주, 『벽초 홍명희 평전』, 사계절, 2004, 124~125쪽.

제3부 동경삼재와 이념

새로운 각성: 감옥 생활과 중국 망명

1. 정정화, 『장강일기(長江日記)』, 학민사, 1998, 87쪽.

2. 『독립』 15, 1919. 9. 29.

3. 이광수, 「한일 양족의 합하지 못할 이유」 3, 『독립』 8, 1919. 9. 13.

4. 이광수, 「한중(韓中) 제휴의 요(要)」, 『독립신문』 66, 1920. 4. 17.

5. 님 웨일즈, 조우화 옮김, 『아리랑』, 동녘, 1984, 91~92쪽.

6. 장백산인(이광수), 「개조」 9, 『독립』 13, 1919. 9. 25.

7. 이광수, 「육대사(六大事)」, 『독립신문』 39, 1920. 1. 22.

8. 최남선, 「기쁜 보람」, 『개벽』 17, 1921. 11, 132쪽.

9. 최남선, 「단군론」, 『동아일보』, 1926 ; 최남선, 『육당최남선 전집』 2, 현암사, 1973, 98쪽.

민족의 재발견: 1920년대 전반기 국내 활동

1. 김상태 편역, 『윤치호 일기』, 역사비평사, 2001, 236쪽. 이하 『윤치호 일기』의 인용 문은 모두 이 책에 따른다.

2. 이병기, 『가람문선』, 신구문화사, 1996, 105쪽.

3. 양건식, 「문인인상호기」, 『개벽』, 1924. 2.

4. 춘원(이광수), 「광복기도회에서」, 『독립신문』 94, 1921. 2. 17.

5. 『독립신문』 103, 1921. 4. 21.

6. 김구, 도진순 주해, 『백범일지』, 돌베개, 1997, 318쪽.

7. 강동진, 『일제의 한국 침략 정책사』, 한길사, 1980, 281~382쪽.

8. 이병기, 『가람문선』, 신구문화사, 1966, 104쪽.

9. 김동인, 「춘원연구」, 김치홍 엮음, 『김동인평론전집』, 삼영사, 1984, 111쪽.

10. 이광수, 「중추계급과 사회」, 『개벽』 13, 1921. 7, 31쪽.

11. 최원순, 「이춘원에게 문(問)하노라」 1, 『동아일보』, 1922. 6. 3.

개조론과 조선 문화 연구: 조선적 정체성 탐구

1. 이광수, 「육당 최남선론」, 『조선문단』 6, 1925. 3, 79~89쪽.

2. 아베 이소오(安部幾雄), 「사회주의의 실행 가능 방면」, 『동명』 16, 1922. 12. 17.

8쪽.

3. 「동명논평」, 『동명』 2, 1922. 9. 10, 11쪽.

4. 이광수, 「다난한 반생의 도정」, 1936 ; 이광수, 『이광수전집』 8, 우신사, 1979, 454쪽.

5. 최남선, 「아사인수(我史人修)의 애(哀)」, 『동아일보』, 1925. 10. 21.

6. 최남선, 「조선역사강화」, 『한빛』, 1928 ; 최남선, 『육당최남선전집』 2, 현암사, 1973, 526쪽.

7. 해생(海生), 「문사들의 이 모양 저 모양」 1, 『조선문단』 1, 1924. 10, 51쪽.

8. 같은 글, 52쪽.

9. 일기자, 「문사들의 이 모양 저 모양」 2, 『조선문단』 2, 1924. 11, 74쪽.

10. 白華(양건식), 「문인인상호기(文人印象互記)」, 『개벽』 44, 1924. 2, 103~104쪽.

11. 최의순, 「서재인 방문기―심각한 학자 생활」, 『동아일보』, 1928. 12. 22.

민족운동의 새로운 방안: 사회주의의 소개와 수용

1. 한국정신문화연구원 현대사연구소 엮음, 『지운 김철수』, 한국정신문화연구원, 1999, 238쪽.

2. 임형택·강영주 엮음, 『벽초 홍명희와 임꺽정의 연구자료』, 사계절, 1996, 225~226쪽.

3. 주요한, 「나의 문단 교우록」, 『사상계』 128, 1963. 12, 206쪽.

4. 이광수, 「의기론」, 『조선문단』 3, 1924. 12, 69쪽.

5. 홍기문, 「아들로서 본 아버지」, 『조광』 2-5, 1936. 5 ; 임형택·강영주 엮음, 위의 책, 237쪽 재인용.

6. 홍명희, 「신흥문예의 운동」, 『문예운동』 1, 1926. 1 ; 임형택·강영주 엮음, 위의 책, 70~72쪽 재인용.

갈림길: 민족운동 노선의 분화와 신간회 활동

1. 명원호, 「신간회 분규 측면관」, 『신민』 65, 1931. 3, 10쪽.

2. 최의순, 「심각한 학자 생활 제일 주장이 검박과 겸손―벽초 홍명희씨」, 『동아일보』, 1928. 12. 22.

정치 운동의 대안: 1930년대 조선학 운동 참가

1. 창랑객(김동환), 「법정에 선 허헌·홍명희, 민중대회 공판 광경을 보고」, 『삼천리』 15, 1931. 5, 15~16쪽.

2. 안석주, 「신문소설과 삽화가」, 『삼천리』 6-8, 1934. 8, 156쪽.

3. 모윤숙, 「이조(李朝) 문학 기타, 홍명희 모윤숙 양씨 문답록」, 『삼천리 문학』 1, 1938. 1, 101쪽.

4. 홍명희, 「문학청년들의 길」, 『조광』 1937. 1; 임형택·강영주 엮음, 『벽초 홍명희와 임꺽정의 연구자료』, 사계절, 1996, 93쪽 재인용.

5. 홍명희, 「『임꺽정전』을 쓰면서」, 『삼천리』 5-9, 1933. 9, 73쪽.

6. 홍명희, 「『임꺽정전』에 대하여」, 『삼천리』 1, 1929. 6, 42쪽.

7. 「벽초 홍명희 선생을 둘러싼 문학 담의」, 『대조』 1, 1946. 1; 임형택·강영주 엮음, 『벽초 홍명희와 임꺽정의 연구자료』, 사계절, 1996, 192쪽 재인용.

8. 「조선문학의 전통과 고전」, 『조선일보』 1937. 16~28; 임형택·강영주 엮음, 위의 책, 169쪽 재인용.

9. 「홍명희·설정식 대담기」, 『신세대』 23, 1948. 5; 임형택·강영주 엮음, 위의 책, 222쪽 재인용.

10. 「옥중의 인물들」, 『혜성』 1-6, 1931. 9, 54~55쪽.

11. 유광렬, 「유력인사 삼형제 행진곡」, 『삼천리』 4-3, 1932. 3, 52~53쪽.

12. 정래동, 「이광수씨의 꿈―그의 공상을 타파함」, 『제일선』 2-9, 1932. 10, 36쪽.

13. 「망명객들의 귀국 이면 폭로」, 『제일선』 2-8, 1932. 9.

제4부 동경삼재의 선택

전쟁의 조짐: 만주사변과 민족 공간의 확대

1. 「청빈낙도하는 당대 처사 홍명희를 찾아」, 『삼천리』 8-4, 1936. 4, 64~68쪽.

2. 박성수와 이영화는 '만주사변' 이후 최남선의 조선 역사와 문화 연구는 물론 만주와 일본에 관한 인식의 변화를 비판적으로 보았다. (박성수, 「육당 최남선 연구―

「자열서」의 분석」, 『국사관논총』 28, 1991 ; 이영화, 『최남선의 역사학』, 경인문화사,
2003 ; 역사비평사, 『역사비평』 10호, 1990년 가을호, 15쪽 참조.

3. 윤치호, 김상태 편역, 『윤치호일기』, 역사비평사, 2001, 356쪽.

4. 심산사상연구회 엮음, 『김창숙』, 한길사, 1981, 252~253쪽.

5. 강만길, 『고쳐 쓴 한국 현대사』, 창비, 2006, 25쪽.

6. 이지원, 「파시즘기 민족주의자의 민족문화론」, 『일제하 지식인의 파시즘체제 인식과
대응』, 혜안, 2005, 414~415쪽.

전쟁의 확산: 중일전쟁과 지조와 변절 사이

1. 폴 콜리어 외, 강민수 옮김, 『제2차 세계대전』, 플래닛미디어, 2008, 447쪽.

2. 최남선, 「만주가 우리에게 있다」, 『재만조선인통신』 39, 1937. 11.

3. 「당면의 등장인물, 최남선 씨 건국대학 교수로 신경으로 가는 심경 타진」, 『삼천리』
10–5, 1938. 5, 296~299쪽.

4. 「시국 유지 원탁회의」, 『삼천리』 11–1, 1939. 1, 43쪽.

5. 방기중, 「조선 지식인의 경제통제론과 '신체제' 인식」, 『일제하 지식인의 파시즘체제
인식과 대응』, 혜안, 2006, 43쪽.

6. 강영주, 『그들의 문학과 생애 홍명희』, 한길사, 2008, 96~97쪽.

7. 홍명희, 「호암의 유저(遺著)에 대하여」, 『조선일보』 1940. 4. 16 ; 임형택·강영주 엮
음, 『벽초 홍명희와 임꺽정의 연구자료』, 사계절, 1996, 59쪽 재인용.

8. 홍명희, 「곡(哭) 호암」, 『조선일보』 1939. 4. 8 ; 임형택·강영주 엮음, 위의 책, 57
쪽 재인용.

전쟁의 광기: 태평양전쟁과 학병 독려 활동

1. 한국정신문화연구원 한민족문화연구소 엮음, 『내가 겪은 해방과 분단』, 선인, 2001,
173~174쪽.

2. 안동준, 「일본 내에서의 개황」, 1·20동지회중앙본부, 『1·20학병사기』 1, 잠진출
판사, 1987, 227쪽.

3. 「동경대담」, 『조선화보』, 1944. 1, 조선문화사; 김윤식, 『일제 말기 한국인 학병세대의 체험적 글쓰기론』, 서울대학교출판부, 2007, 401~405쪽에서 재인용.

4. 임광철, 「入營に際して」, 『신시대』 4-2, 1944. 2, 70쪽.

5. 안동준, 「일본 내에서의 개황」, 1·20동지회중앙본부, 『1·20학병사기』 1, 삼진출판사, 1987, 227쪽.

6. 윤종현, 「동경 창편관에서의 최남선씨와 이광수씨와의 토론」, 『1·20학병사기』 1, 삼진출판사, 1987, 242쪽.

7. 같은 글, 242~243쪽.

8. 같은 글.

9. 신상초, 『탈출』, 연문각, 1966, 58쪽.

10. 박학보, 「홍명희론」, 『신세대』 1, 1946. 3; 임형택·강영주 엮음, 『벽초 홍명희와 임꺽정의 연구자료』, 사계절, 1996, 242쪽 재인용.

11. 강영주, 『벽초 홍명희 연구』, 창작과비평사, 1999, 368쪽.

12. 임중빈, 『한용운 일대기』, 정음사, 1974, 241~242쪽.

독립의 기쁨과 불안: 해방 공간과 좌우 분열

1. 홍명희, 「눈물 섞인 노래」, 『해방기념시집』, 중앙문화협회, 1946; 임형택·강영주 엮음, 『벽초 홍명희와 임꺽정의 연구자료』, 사계절, 1996, 95~97쪽 재인용.

2. 홍명희, 「제1회 전국문학자대회 인사말씀」, 1946; 임형택·강영주 엮음, 위의 책, 98쪽 재인용.

3. 「홍명희·설정식 대담기」, 『신세대』 23, 1948. 5; 임형택·강영주 엮음, 위의 책, 225~226쪽 재인용.

4. 강영주, 『그들의 문학과 생애 홍명희』, 한길사, 2008, 141~142쪽.

5. 김승환, 「해방 이후 벽초 홍명희의 문학과 사상」, 『한국학보』 117, 일지사, 2004, 188쪽.

6. 벽초 홍명희 선생을 둘러싼 문학 담의」, 『대조』 1, 1946. 1; 임형택·강영주 엮음, 위의 책, 198쪽 재인용.

7. 「벽초 홍명희선생을 둘러싼 문학 담의」, 『대조』 1, 1946. 1 ; 임형택 · 강영주 엮음, 위의 책, 199쪽 재인용.

8. 「홍명희 · 설정식 대담기」, 『신세대』 23, 1948. 5 ; 임형택 · 강영주 엮음, 위의 책, 222쪽 재인용.

또 다른 선택: 분단국가 수립과 6·25 전쟁

1. 『민족정기의 심판』, 혁신출판사, 1949 ; 김학민 · 정운현 엮음, 『친일파 죄상기』, 학민사, 1993, 107쪽에서 재인용.

2. 고원섭 편저, 『반민자 죄상기』, 백엽문화사, 1949 ; 김학민 · 정운현 엮음, 위의 책, 243쪽 재인용.

3. 「벽초 홍명희선생을 둘러싼 문학 담의」, 『대조』 1, 1946. 1 ; 임형택 · 강영주 엮음, 『벽초 홍명희와 임꺽정의 연구자료』, 사계절, 1996, 188쪽 재인용.

4. 「홍명희 · 설정식 대담기」, 『신세대』 23, 1948. 5 ; 임형택 · 강영주 엮음, 위의 책, 221쪽 재인용.

5. 강영주, 『그들의 문학과 생애 홍명희』, 한길사, 2008, 144~145쪽.

6. 「홍명희 · 설의식 대담기」, 『새한민보』 1-8, 1947. 9 ; 임형택 · 강영주 엮음, 위의 책, 2066쪽 재인용.

7. 홍명희, 「통일이냐 분열이냐」, 『개벽』 77, 1948. 3 ; 임형택 · 강영주 엮음, 위의 책, 152~156쪽 재인용.

8. 김승환, 「해방 이후 벽초 홍명희의 문학과 사상」, 『한국학보』 117, 일지사, 2004, 207쪽.

9. 이광수, 최종고 엮음, 『나의 일생: 춘원 자서전』, 푸른사상, 2014, 654~655쪽.

10. 해방 후 최남선의 행적에 관해서는 『육당최남선전집』 15, 현암사, 1973, 282~284쪽 ; 이영화, 앞의 책, 44~46쪽 참조.

11. 강영주, 『그들의 문학과 생애 홍명희』, 한길사, 2008, 226쪽.

연도	국내외 사건	홍명회	최남선	이광수
1888	6월 조선전보총국 개국.	5월 충북 괴산에서 출생.		
1890	3월 독일 비스마르크 실각.	어머니 사망.	4월 서울에서 출생.	
1892	12월 동학 교조신원운동.	한문 학습.		2월 평안북도 정주군에서 출생.
1900	11월 경인철도 개통.	민순영과 결혼.		
1901	3월 벨기에와 수호통상조약 조인.		4월 현씨와 결혼.	
1902	7월 덴마크와 수호통상조약 조인.	중교의숙 입학.	서울 경성학당 입학.	8월 아버지와 어머니 콜레라로 사망.
1903	10월 황성기독교청년회(YMCA) 창립.	9월 장남 홍기문 출생.		11월 동학 입교.
1904	2월 러일전쟁 발발. 7월 『대한매일신보』 창간.		11월 일본 동경부립제일 중학교 입학.	8월 진보회 가담.
1905	11월 을사늑약. 12월 동학이 천도교로 개편.	일본 도요상업학교 예과 입학.		2월 서울 상경.
1906	2월 통감부 설치.		9월 와세다대학 전문부 역사지리과 입학.	3월 다이세중학교 입학.
1907	1월 국채보상운동. 7월 고종의 강제 퇴위.	동경 다이세중학교 편입.	3월 『대한유학생학보』 편집인.	9월 메이지학원 중학부 3학년 편입.

연도	국내외 사건	홍명희	최남선	이광수
1908	12월 동양척식주식회사 설립.		11월 『소년』 창간.	
1909	10월 안중근 의거.		8월 청년학우회 총무.	12월 『백금학보』에 「사랑인가」 발표.
1910	8월 강제 '병합'. 12월 회사령 공포.	다이세중학교 졸업. 8월 아버지 홍범식 순국.	10월 조선광문회 설립.	4월 오산학교 교사. 7월 백혜순과 결혼.
1912	8월 토지조사사업 본격 개시.	중국으로 떠남.		
1913	5월 안창호 미국에서 흥사단 조직.		1월 『붉은 저고리』 창간. 4월 『새별』 창간. 9월 『아이들보이』 창간.	2월 번역서 『검둥이의 설음』 출판. 9월 오산학교 교사직 사임. 11월 중국 상해로 감.
1914	7월 제1차 세계대전 발발.	11월 동남아시아 지역 방랑.	10월 『청춘』 창간.	6월 『대한인정교보』 주필.
1915	12월 조선광업령 공포.		3월 조선산직장려계 참여.	9월 와세다대학 고등예과 문학과 편입.
1916	5월 의병장 임병찬 죽음.		1월 『시문독본』 출간.	9월 와세다대학 철학과 입학. 9월 『매일신보』에 「동경잡신」 기고.
1917	2월 러시아혁명. 11월 러시아혁명('10월 혁명).			1월 『매일신보』에 「무정」 연재. 11월 『매일신보』에 「개척자」 연재.
1918	1월 미국대통령 윌슨 14개조 평화안 발표. 11월 제1차 세계대전 종결.	7월 귀국.	4월 『자조론』 출간.	9월 『매일신보』에 「신생활론」 연재.

연도	국내외 사건	홍명희	최남선	이광수
1919	1월 고종 사망. 2월 2·8독립선언. 4월 대한민국 임시정부 수립.	3월 괴산 만세시위 주도.	3월 「기미독립선언서」 작성과 체포.	1월 「조선청년독립단선언서」 집필. 6월 대한민국 임시정부 임시 사료 편찬위원회 주임. 8월 「독립」의 사장 겸 편집국장.
1920	3월 「조선일보」 창간. 4월 「동아일보」 창간. 6월 「개벽」 창간.	4월 출옥.		
1921	11월 워싱턴 군축회의.		10월 가출옥.	4월 귀국. 5월 허영숙과 결혼.
1922	12월 소비에트사회주의 연방공화국 성립.		9월 「동명」 창간.	5월 「개벽」에 「민족개조론」 발표.
1923	1월 조선물산장려회 결성. 9월 관동대지진.	조선도서 주식회사 근무. 7월 신사상연구회 참여.	4월 「시대일보」 창간. 9월 시대일보사 사장 사임.	5월 동아일보사 입사.
1924	1월 러시아 레닌의 사망. 3월 중국 쑨원 사망.	5월 「동아일보」 주필 겸 편집국장. 11월 화요회 참가.		1월 「동아일보」에 「민족적 경륜」 연재.
1925	4월 치안유지법 공포.	4월 시대일보 편집국장, 부사장.		
1926	1월 수양동우회 발족. 5월 「동광」 창간. 6월 6·10만세운동.	3월 시대일보사 사장. 9월 「학창산화」 간행. 9월 조선사정 조사연구회 참여. 10월 평북 정주 오산학교 교장.	3월 「동아일보」에 「단군론」 연재. 5월 「심춘순례」 출판. 12월 「백팔번뇌」 출판.	11월 동아일보사 편집국장.

연도	국내외 사건	홍명희	최남선	이광수
1927	2월 신간회 창립.	2월 신간회 조직부 총무간사.	7월 『백두산근참기』, 『아시조선』 출판.	5월 장남 이봉근 출생. 9월 동아일보사 편집국장 사임.
1928	1월 조선공산당 사건. 9월 이탈리아 파시스트당의 독재 실시.	11월 『조선일보』에 「임꺽정전」 연재 시작.	7월 『금강예찬』 출판. 12월 조선사편수회 위원.	11월 『동아일보』에 「단종애사」 연재.
1929	1월 원산총파업. 9월 수양동우회가 동우회로 개칭. 10월 세계대공황 시작. 11월 광주학생운동.	12월 신간회 민중대회 사건으로 구속.	5월 『괴기』 발행.	12월 『3인 시가집』(이광수, 주요한, 김동환) 출판.
1930	5월 이승훈 사망. 7월 홍진 등의 한국독립군 조직.			1월 『동아일보』에 「혁명가의 아내」 연재.
1931	5월 신간회 해소. 9월 만주사변.	4월 보안법 위반으로 징역 1년 6개월 선고.		6월 『동아일보』에 「이순신전」 연재.
1932	1월 이봉창 의거. 3월 '만주국' 수립. 4월 윤봉길 의거.	1월 가출옥. 12월 『조선일보』에 「임꺽정전」 연재 재개.		4월 『동아일보』에 「흙」 연재.
1933	3월 독일 히틀러 독재 승인, 일본 국제연맹 탈퇴. 11월 조선어학회 『한글맞춤법통일안』 발표.		4월 아버지 최헌규 사망.	8월 조선일보사 부사장.
1936	7월 스페인 내전. 8월 손기정 베를린 올림픽 마라톤 우승.		6월 조선총독부 중추원 참의.	
1937	6월 수양동우회 사건. 7월 중일전쟁. 9월 중국 국공합작.	12월 『조선일보』에 「임꺽정전」 연재 재개.		3월 조선문예협회 회장. 3월 『이차돈의 사』 출판. 6월 동우회 사건으로 체포.

연도	국내외 사건	홍명회	최남선	이광수
1938	3월 안창호 사망. 5월 흥업구락부 사건.		4월 『만선일보』 고문.	10월 『사랑』 출판. 12월 시국유지원탁회 참가.
1939	9월 제2차 세계대전 발발. 10월 국민징용제 실시.	7월 「임꺽정전」 연재 중단. 경기도 양주군 창동으로 이주.	4월 만주 건국대학 교수 취임.	9월 『춘원서간문범』 출판. 12월 조선문인협회 회장.
1940	2월 창씨개명제 실시. 6월 독일 프랑스 파리 점령. 8월 『동아일보』, 『조선일보』 폐간. 9월 대한민국 임시정부 한국광복군 창설.	10월 『조광』에 「임꺽정전」 연재 재개(1회)와 중단.		12월 황도학회 발기인.
1941	3월 조선사상예방구금령 공포. 6월 독일군 소련 공격. 11월 임시정부 「건국강령」 발표. 12월 진주만 공격.		1월 국민총력 조선연맹 문화부 문화위원. 8월 흥아보국단 준비위원 및 경기도 위원. 10월 조선임전 보국단 발기인 및 이사.	10월 조선임전보국단 생활부장.
1942	6월 미드웨이 해전. 10월 조선어학회 사건.		9월 만주 건국대학 교수직 사임.	9월 『매일신보』에 「원효대사」 연재.
1943	3월 징병제 공포. 9월 이탈리아의 항복. 10월 학병제 실시. 12월 카이로선언.		11월 『고사통』 출판. 11월 선배격려단 참가.	4월 조선문인보국회 이사. 11월 선배격려단 참가.
1945	5월 독일 항복. 9월 미군정 실시. 12월 모스크바삼상회의.	11월 서울신문사 고문. 12월 조선문학가동맹 중앙집행위원장.	6월 조선언론보국회 명예회원.	

연도	국내외 사건	홍명희	최남선	이광수
1946	7월 북조선노동당 결성. 11월 남조선노동당 결성.	3월 서울신문사 고문 사임.	2월 『조선독립 운동사』, 『신편조선 역사』 출판. 6월 『조선상식 문답』 출판.	
1947	7월 여운형 암살.	10월 민주독립당 당대표.	1월 『국민조선역사』 출판. 10월 『조선의 산수』 출판.	5월 『도산 안창호』 출판. 6월 『꿈』 출판. 12월 『나:소년편』 출판.
1948	4월 남북 협상. 5월 총선거 실시. 8월 대한민국 정부 수립. 9월 반민족행위자처벌법 공포.	2~11월 『임꺽정』 6권(을유문화사) 간행. 4월 남북연석회의 참가. 9월 북한 부수상 역임.	2월 『조선의 고적』 출판. 4월 『조선의 문화』, 『조선상식』 출판.	6월 『돌베개』 출판. 10월 『나:스무살 고개』 출판. 12월 『나의고백』 출판.
1949	6월 농지개혁령 공포. 6월 김구 피살.		2월 반민특위 체포. 3월 「자열서」 집필.	2월 반민특위 체포. 3월 병보석 출감. 9월 불기소 결정.
1950	6월 6·25전쟁. 9월 인천상륙작전.			3월 『사랑』 출간. 7월 납북.이후 사망 10월 사망(59세) 추정.
1951	5월 부통령에 김성수 선출.		해군전사편실 고문 역임.	
1952	5월 부산정치파동.	10월 과학원 원장 역임.	육군대학 강의.	
1957	7월 독일 베를린 선언.		10월 사망(68세).	
1968	1월 푸에블로호 사건. 12월 국민교육헌장 선포.	3월 노환으로 사망(81세).		

찾 아 보 기

동경삼재

동경 유학생 홍명희 최남선 이광수의 삶과 선택

지은이 류시현
펴낸이 윤양미
펴낸곳 도서출판 산처럼

등 록 2002년 1월 10일 제1-2979호
주 소 서울시 종로구 사직로8길 34 경희궁의 아침 3단지 오피스텔 412호
전 화 02-725-7414
팩 스 02-725-7404
E-mail sanbooks@hanmail.net
홈페이지 www.sanbooks.com

제1판 제1쇄 2016년 11월 25일

값 16,000원

＊잘못된 책은 서점에서 바꾸어드립니다.
ISBN 978-89-90062-71- 0 03910

＊한국출판문화산업진흥원 2016년 우수출판콘텐츠 제작 지원 사업 선정작입니다.